2022年苏州城市学院教材立项建设项目（项目编号：2910356522）
苏州城市学院"数字经济与数字化转型"微专业指定教材
苏州城市学院数字金融产业学院指定教材
苏州城市学院工商管理重点学科研究成果
苏州城市学院未来产业研究院研究成果

商业数据分析
技术与应用

■ 尹楠　著

WUHAN UNIVERSITY PRESS
武汉大学出版社

图书在版编目(CIP)数据

商业数据分析技术与应用／尹楠著． -- 武汉 :武汉大学出版社,
2025. 3. -- ISBN 978-7-307-24665-2

Ⅰ. F713.5
中国国家版本馆 CIP 数据核字第 2024FD0310 号

责任编辑:周媛媛　　　责任校对:汪欣怡　　　整体设计:韩闻锦

出版发行: **武汉大学出版社**　(430072　武昌　珞珈山)
　　　　(电子邮箱: cbs22@ whu.edu.cn　网址: www.wdp. com.cn)
印刷:武汉中科兴业印务有限公司
开本:720×1000　1/16　印张:14.75　字数:238 千字　插页:1
版次:2025 年 3 月第 1 版　　2025 年 3 月第 1 次印刷
ISBN 978-7-307-24665-2　　定价:89.00 元

前　　言

在数字化时代，数据已经成为商业领域中不可或缺的资产。无数的交易、用户行为、市场趋势等信息被记录、存储和分析，为企业的决策提供了有力的支持。然而，如何有效地从海量的数据中提取有价值的信息，并将其转化为商业上的优势，这是每一个企业和数据分析师都面临的挑战。

为了应对这一挑战，我们编写了《商业数据分析技术与应用》一书。本书从商业数据分析基础知识出发，系统地介绍了数据分析的流程、工具和方法，旨在帮助读者建立坚实的数据分析基础，并掌握实际应用中的关键技能。

本书开篇从商业数据分析基础入手，详细介绍了商业数据分析的内涵、数据类型、数据来源及分析流程，为读者打下坚实的基础。接着，本书重点介绍了 Python 语言在数据分析中的应用，从 Python 语言的开发环境和设置讲起，逐步深入 Python 的基本语法和高阶应用，使读者能够熟练掌握 Python 数据分析的技能。

在掌握了 Python 数据分析的基础知识后，本书进一步介绍了 Python 在数学运算与统计、科学计算方面的应用，包括 math 模块、statistics 模块、NumPy、SciPy、Pandas 和 SymPy 等常用库的使用，为读者提供了强大的数学和科学计算工具。

此外，本书还介绍了 Python 算法和人工智能技术在数据分析中的应用。通过对搜索算法、排序算法、图算法、动态规划算法、贪心算法、回溯算法、分治算法等常用算法的介绍，使读者能够更好地理解和应用这些算法解决实际问题。同时，本书还介绍了 Python 在机器学习、人脸检测、推荐系统、自然语言处理、自动驾驶等人工智能领域的应用，展示了 Python 在人工智能方面的强大能力。

在数据可视化方面，本书介绍了 Python 数据可视化技术和 AI 绘图技术，使读者能够将数据分析的结果以直观的方式呈现，更好地传达数据信息。

本书还紧跟时代潮流，介绍了 ChatGPT 与 Python 的结合应用，包括通过 Python 实现 ChatGPT、ChatGPT 人机对话、ChatGPT 智能客服及 ChatGPT 个性化推荐等，为读者展示了 ChatGPT 在数据分析领域的广泛应用前景。

本书的特色在于它的实用性和全面性。实用性体现在，它不仅是一本理论著作，更是一本实践指南。通过大量的案例和代码示例，读者可以边学边做，快速掌握数据分析的核心技能。全面性则体现在，本书涵盖了商业数据分析的各个方面，从数据的收集、处理到分析、可视化，再到人工智能技术的应用，形成了一个完整的知识体系。

值得一提的是，本书还特别关注了人工智能技术在数据分析中的应用。随着机器学习、深度学习等技术的快速发展，人工智能已经成为数据分析领域的重要力量。本书通过介绍 Python 在人工智能方面的应用，如机器学习、人脸检测、推荐系统、自然语言处理、自动驾驶等，展示了人工智能与数据分析的紧密结合，为读者打开了新的视野。

最后，本书还通过一系列的数据挖掘与商业智能案例，将理论知识与实际应用相结合，帮助读者更好地理解和应用所学的知识。无论是电商企业、金融行业还是医疗行业，数据分析都发挥着越来越重要的作用。通过对这些案例的学习，读者可以更加深入地了解数据分析在商业领域中的应用和价值。

希望《商业数据分析技术与应用》能够成为您在数据分析道路上的良师益友，助您在商业领域中取得更大的成功。

尹　楠

2024 年 2 月于南京

目　　录

第一章 商业数据分析基础

商业数据分析是一门综合性很强的学科，它涵盖了数据的收集、整理、处理、分析和解读等环节。在这个过程中，商业数据分析师会运用统计学、数学、计算机科学及行业知识等方法和工具，深入挖掘商业活动中产生的各种数据背后的规律、趋势、关联和潜在价值。通过对这些数据的科学分析，企业能够准确地把握市场动态、了解消费者需求、预测未来走势，从而为企业的决策支持、策略优化、产品创新等提供有力的数据支持和科学依据。因此，掌握商业数据分析基础对于企业来说至关重要，它是提升企业竞争力和实现可持续发展的关键能力之一。

第一节 商业数据分析的内涵

一、商业数据分析的概念

商业数据分析是指利用数据分析方法和技术，对企业的商业数据进行收集、整理、探索和解释，以获取有关企业运营、市场趋势、客户行为等方面的信息和洞察力。这个过程旨在为企业提供决策支持、优化业务流程和改善绩效。商业数据分析以数据和商业理论为基础，通过寻找数据规律，结合业务背景，依靠统计软件和可视化工具，以优化企业经营决策为目的，洞察经营数据背后的规律，从而为企业创造生产力和业务效益。

二、商业数据分析的优点

商业数据分析在商业领域的应用具有显著的优势，对于企业的发展和成功至关重要。商业数据分析的优点主要体现在以下几个方面。

1

第一，优化决策制定。商业数据分析能够为企业提供准确、客观的数据支持，帮助决策者做出更明智、更科学的决策，减少主观臆断和盲目选择。

第二，提高业务效率。通过对业务流程、客户行为、市场趋势等数据的分析，企业可以发现运营中的瓶颈和问题，从而进行针对性的优化和改进，提高生产效率，降低成本。

第三，发现潜在商机。商业数据分析有助于企业发现市场中的潜在机会和趋势，从而及时调整战略和业务计划，抓住商机，提高市场竞争力。

第四，增强风险管理。商业数据分析可以帮助企业及时发现潜在的风险和问题，如市场变化、客户流失、产品质量等，从而采取相应的措施进行预防和应对，降低风险。

第五，个性化营销。通过对客户数据的分析，企业可以更深入地了解客户需求、偏好和行为，从而制定个性化的营销策略，提高营销效果和客户满意度。

第六，提升企业竞争力。商业数据分析有助于企业更全面地了解市场和竞争对手情况，从而制定更有效的竞争策略，提升企业在市场中的竞争力。

三、商业数据分析的应用场景

商业数据分析的应用场景非常广泛，以下是一些常见的应用场景。

第一，市场趋势分析。通过收集和分析市场数据，了解市场趋势和变化，从而调整企业的战略和业务计划。比如，通过分析竞争对手的销售数据、市场份额等信息，制定更有效的市场营销策略。

第二，客户行为分析。通过分析客户的购买历史、消费习惯、偏好等信息，可以更好地了解客户需求，提供个性化的产品和服务，提高客户满意度和忠诚度。

第三，业务流程优化。通过对业务流程中产生的数据进行分析，可以发现流程中的瓶颈和问题，从而优化业务流程，提高生产效率和降低成本。比如，可以通过分析生产线的数据，找出生产过程中不必要的步骤，进行优化改进。

第四，产品创新和改进。通过分析用户反馈、产品使用数据等信息，可以发现产品的不足之处，从而进行产品创新和改进，提高产品质量和竞争力。

第五，风险管理和合规性检查。通过数据分析可以监测和预防潜在的业务风险，确保企业业务符合相关法规和规定。比如，在金融领域，通过数据分析来监测异常交易行为，预防洗钱和欺诈等风险。

总之，商业数据分析的应用场景非常多样，可以帮助企业在各个方面作出明智的决策，提高业务效率和竞争力。

第二节　商业数据的类型

在商业领域，我们经常需要处理各种各样的数据。为了让人们更好地了解这些数据，接下来，我们将深入探讨三类主要数据：横截面数据、时间序列数据和面板数据。

一、横截面数据（cross-sectional data）

横截面数据是指在特定时间点上收集的不同个体或实体的数据。这种类型的数据主要用于比较和分析在同一时间点上不同对象之间的差异。例如，在市场研究中，我们会收集不同消费者在同一时间点的购买偏好、收入水平、教育背景等信息，以分析他们的消费行为和市场细分。

横截面数据是在同一时间点上，对不同统计单位相同统计指标的数据进行观测和收集而得。这类数据体现了在特定时间点上，不同个体或空间之间的差异性和独特性。它主要被用于研究某一时点上的某种经济现象或特定情况，如某地区不同家庭的收入水平、消费习惯，或不同公司的市场份额、财务状况，等等。

横截面数据的主要特点是离散性高，能突出个体的差异，展现其个性。与此同时，由于数据是在特定时间点收集，因此可能存在"无法观测的异质性"，即一些影响统计指标又无法直接观测到的因素，这些因素可能导致对数据的解读和分析存在一定的挑战。

在分析横截面数据时，需要注意几个关键问题，如异方差性。由于数据来源于不同的个体或空间，它们本身就存在差异，因此收集的数据可能存在异方差。此外，还需要关注数据的一致性，确保不同样本在取样时期、样本容量及数据统计标准上的一致性，以保证分析结果的准确性和可靠性。

二、时间序列数据（time series data）

时间序列数据是按时间顺序收集的一系列数据点，通常用于分析某一变量随时间的变化趋势。这种数据在商业中非常重要，因为它可以帮助我们预测未来的市场趋势、销售周期、季节性变化等。例如，通过分析过去几年的销售数据，企业可以预测未来几个月的销售趋势，并据此制定库存管理和采购策略。

时间序列数据是在不同时间点上收集的数据，这类数据反映了某一事物、现象等随时间的变化状态或程度。时间序列数据是同一指标按时间顺序记录的数据列，用于描述现象随时间变化的情况。它可以表现为年份、季度、月份或其他任何时间形式，主要目的是根据已有的历史数据对未来进行预测。

时间序列可以分为平稳序列和非平稳序列。平稳序列是指序列中的各观察值基本上在某个固定的水平上波动，尽管在不同的时间段波动的程度可能不同，但整体上并不存在某种明确的趋势或规律，这种波动可以被认为是随机的。非平稳序列则可能包含趋势、季节性或周期性等成分，其变化模式可能更加复杂。

时间序列分析是统计学中的一个重要分支，它利用概率统计的理论和方法来分析和处理时间序列数据。时间序列分析的目的包括描述过去数据的特点、识别数据的内在规律，并基于这些规律来预测未来数据的变化趋势。这种分析方法在金融、经济、气象、医学等领域都有广泛的应用。

在实际应用中，时间序列分析经常被用于预测未来的销售趋势、股票价格、市场需求等。例如，在零售行业中，企业可以通过分析过去几年的销售数据来预测未来几个月或几个季度的销售趋势，从而制定更加精确的库存管理和采购策略。在金融领域，投资者可以利用时间序列分析技术来识别股票价格的波动模式，从而作出更加明智的投资决策。

三、面板数据(panel data)

面板数据结合了横截面数据和时间序列数据的特点，它包含了多个个体或实体在多个时间点上的观测值。这种数据类型在商业研究中非常有价值，因为它允许我们同时分析个体之间的差异及随时间的变化。面板数据常用于经济学、市场营销和金融学等领域的研究，如分析不同公司在不同年份的财务状况、市场份额变化等。

面板数据也被称为"平行数据"或"混合数据"，是一种特殊的数据类型，它同时包含了横截面数据和时间序列数据的特点。具体来说，面板数据是在时间序列上取多个截面，并在这些截面上同时选取样本观测值所构成的样本数据。它包括了多个个体(如个人、公司、国家等)在一段时间内(如年、季度、月等)的多个观测值。

面板数据的结构通常是一个二维表格,其中行代表个体在某一时间点的观测值,列代表某一变量在不同个体或不同时间点的观测值。这种数据结构使面板数据能同时反映个体之间的差异及随时间的变化趋势。

面板数据在经济学、金融学、市场营销、社会学等领域都有广泛的应用。例如,在经济学中,经济学家可以利用面板数据来研究经济增长、失业率、通货膨胀率等经济指标在不同地区或国家之间的差异和动态变化。在金融学中,投资者可以利用面板数据来分析股票价格、债券收益率等金融资产的价格波动和风险因素。在市场营销中,企业可以利用面板数据来了解消费者行为、市场需求等因素的变化趋势,从而制定更加精准的市场营销策略。

面板数据的优点在于它提供了更多的信息量和自由度,使研究者能更加深入地了解数据的内在规律和特点。同时,面板数据也具有一定的局限性,如可能存在数据缺失、异质性等问题,需要采用合适的方法进行处理和分析。

了解这三类数据的特点和应用对于进行有效的商业数据分析至关重要。根据具体的研究问题和目的,选择合适的数据类型和分析方法可以帮助我们更准确地洞察商业现象,为企业决策提供有力支持。

第三节　商业数据的来源

商业数据是商业决策的基础,反映了企业的销售、收入、市场份额等重要数据。在现代商业环境中,获取和利用商业数据变得越来越重要,因为它可以帮助企业更好地了解市场和客户需求,制定更有效的商业策略和决策。商业数据的来源多种多样,主要包括公司内部数据、市场数据、社交媒体数据、网络爬虫数据和采购数据。商业分析的成功与否取决于所使用的数据质量,即是否具有准确性和完整性。因此,企业应该选择合适的数据来源,确保数据的准确和完整。商业分析是企业制定战略性决策的重要工具,因此选取准确的数据来源对企业的长远发展非常重要。以下是几类常见的商业数据来源。

一、公司内部数据

公司内部数据是指企业在日常经营管理过程中所产生的各类数据。这些数据涵盖了企业的方方面面，是商业分析的重要基础。以下是公司内部数据的一些主要类型。

第一，基本数据。基本数据包括公司的基本信息，如公司名称、地址、联系方式；员工的基本信息，如姓名、职位、部门；等等。这些数据对于了解公司的组织结构和人员配置非常重要。

第二，销售数据。销售数据反映了公司的销售业绩和市场情况。销售数据包括销售额、销售量、销售渠道、客户信息等。通过分析销售数据，企业可以了解哪些产品畅销，哪些市场有潜力，从而制定更加精准的销售策略。

第三，财务数据。财务数据是公司经营状况的重要体现，包括收入、支出、利润、成本等。这些数据对于评估公司的财务状况、制定预算和决策具有重要意义。

第四，生产数据。生产数据涉及公司的生产过程和制造业务，包括原材料采购、生产计划、产品质量控制等。这些数据有助于企业优化生产流程、提高生产效率和产品质量。

第五，研发数据。对于技术型企业来说，研发数据是非常重要的内部数据。研发数据包括研发项目、研发人员、研发投入、专利申请等。通过分析研发数据，企业可以了解技术创新的进展情况，从而制定合理的研发战略。

对于内部数据的收集和管理，企业需要建立完善的信息系统和数据管理制度，确保数据的准确性、完整性和安全性。同时，企业还需要根据实际情况选择合适的数据分析工具和方法，对数据进行深入挖掘和分析，为决策提供有力支持。

二、市场数据

市场数据是关于市场趋势、消费者需求、竞争对手情况、产品价格和销售渠道等的信息，这些数据对于企业制定市场策略、了解市场机会和威胁及优化产品定价与促销活动等至关重要。以下是市场数据涉及的几个方面。

第一，市场规模和增长趋势。其包括整个市场的总销售额、销售量、市场份额及市场的增长率等。这些数据有助于企业了解市场的总体规模和潜在增长空间。

第二，消费者需求和行为。其涉及消费者的购买习惯、偏好、需求量和消费心理等。通过市场调研和数据分析，企业可以深入了解目标客户的需求，从而提供更符合市场需求的产品和服务。

第三，竞争对手情况。其包括竞争对手的市场份额、产品特点、价格策略、销售渠道和营销策略等。这些数据有助于企业了解竞争环境，制定有效的竞争策略。

第四，产品价格和销售渠道。其涉及产品的定价策略、销售渠道选择及分销网络等。通过分析这些数据，企业可以制定更加合理的产品定价策略，优化销售渠道，提高销售效率。

为了获取准确的市场数据，企业可以通过市场调研、购买第三方报告、参加行业会议和展览等方式收集数据。在收集数据的过程中，需要注意数据的可靠性、时效性和适用性，以确保分析结果的准确性。此外，企业还需要根据自身实际情况选择合适的数据分析工具和方法，对数据进行深入挖掘和分析，为市场决策提供有力支持。

市场数据与公司内部数据相比，具有更广泛的含义，能够为商业分析提供更全面的信息支持。

三、社交媒体数据

社交媒体数据主要指的是来自社交媒体平台的各种信息和统计数据，如用户数量、活跃度、发布内容、互动情况、用户行为等。这些数据通常由社交媒体平台自身或通过第三方分析工具进行收集和分析。随着社交媒体的普及，社交媒体数据已经成为商业分析中越来越重要的一个数据来源。社交媒体数据包括品牌声誉、产品反馈、客户意见等，这些信息可以帮助企业了解顾客对产品或服务的看法和态度。社交媒体数据在商业分析中的应用主要包括以下几个方面。

第一，品牌监控。通过监控社交媒体平台上与品牌有关的信息，如评论、点赞等，以提高企业的品牌认知度。

第二，客户关系管理。企业通过在线社交媒体平台与潜在客户、现有客户交流，以改善客户满意度和客户忠诚度。

第三，竞争对手分析。企业通过社交媒体数据了解竞争对手的营销策略和顾客的反馈，以制定更有针对性的策略。

社交媒体数据是从大众的海量言论中获取对企业发展有用的信息，从中捕捉潜在的市场机会，以便进一步支持商业分析。

四、网络爬虫数据

网络爬虫数据是指利用爬虫技术从互联网上自动抓取并收集的数据。爬虫，也称为网络蜘蛛或网络机器人，是一种自动化程序，能够模拟人类浏览行为，按照一定的规则和算法，自动访问互联网上的网页并提取其中的数据。网络爬虫技术是一种自动化工具，它可以在网络上收集数据。通过网络爬虫收集的数据包括新闻、博客、论坛、电子商务等。在商业分析中，网络爬虫数据可以为企业提供有关市场趋势、竞争对手、新兴行业等的信息。网络爬虫数据在商业分析中的应用主要包括以下方面。

第一，关键词监控。通过掌握有关关键词的信息，了解市场行情、竞争对手、消费者需求等。

第二，新兴行业分析。网络爬虫数据能够发掘新兴行业的机会，从而帮助企业开拓新的市场领域。

第三，产品研发。通过收集用户的意见和建议，优化产品的功能和设计，提高产品的用户体验。

网络爬虫数据是商业分析中重要的数据来源之一，但企业应该注意遵循网络爬虫相关的规定和法律法规。

五、采购数据

采购数据是指在采购过程中产生的各种信息和统计数据，涵盖了采购活动的方方面面。这些数据对于企业来说具有重要的价值，能够帮助企业了解采购情况、优化采购流程、控制采购成本及制定合理的采购策略。采购数据主要包括以下几个方面。

第一，采购订单数据。其包括订单编号、供应商信息、采购商品或服务的详细信息、数量、价格、交货日期等。这些数据反映了企业与供应商之间的交易情况，是采购流程中的核心数据。

第二，供应商数据。其包括供应商的基本信息、供货能力、产品质量、交货准时率、服务水平等。通过对供应商数据的分析，企业可以评估供应商的综合表现，选择合适的供应商并建立长期合作关系。

第三，采购成本数据。其包括原材料成本、运输成本、税费、关税等直接成本，以及与采购活动相关的间接成本，如人工成本、仓储费用等。通过对采购成本数据的分析，企业可以了解采购成本的构成和变化趋势，从而寻求降低成本的途径。

第四，库存数据。其包括库存量、库存周转率、库龄等。这些数据反映了企业库存管理的效率，通过与采购数据的关联分析，可以帮助企业制定合理的库存水平和补货策略。

第五，采购绩效数据。其包括采购周期、采购效率、采购满意度等。通过对采购绩效数据的分析，企业可以评估采购部门的工作表现，发现存在的问题并采取相应的改进措施。

采购数据的收集和管理需要建立完善的采购信息系统和数据管理制度，确保数据的准确性、完整性和安全性。同时，企业还需要根据实际情况选择合适的数据分析工具和方法，对数据进行深入挖掘和分析，为采购决策提供有力支持。

在数字化时代，随着大数据和人工智能技术的发展，越来越多的企业开始利用先进的技术手段对采购数据进行智能化分析和管理，以提高采购效率和降低采购成本。

第四节 商业数据分析的流程

商业数据分析是一个复杂而系统的过程，涉及从明确问题、收集数据到最终应用结果的多个步骤。以下是商业数据分析的详细流程。

第一步，明确问题。这是数据分析的起点。在这一阶段，需要明确分析的目标和需要解决的问题。这通常涉及与业务团队、上级或客户的沟通，以确保对问题的共同理解。

第二步，收集数据。根据问题的定义，确定需要收集哪些数据。这些数据可能来自内部系统，如数据库、CRM 系统；外部来源，如市场研究报告、社交媒体平台；等等。在这一阶段，也需要考虑数据的可用性、质量和获取成本。

第三步，数据清洗和预处理。在收集到数据后，需要进行数据清洗和预处理，以确保数据的质量和准确性。这可能包括去除重复数据、处理缺失值、转换数据格式、标准化或归一化数据等。

第四步，数据分析。在这一阶段，将运用各种分析方法和工具对数据进行深入分析。这可能包括描述性统计、推断统计、预测模型、机器学习算法等。目标是发现数据中的模式、趋势和关联，以回答在问题定义阶段确定的问题。

第五步，结果解释和可视化。分析完成后，需要将结果以易于理解的方式呈现。这可能包括图表、图形、报告等形式。在这一阶段，也需要对分析结果进行解释，确保业务团队、上级或客户能够理解并应用这些结果。

第六步，制定和执行方案。根据分析结果，制定具体的业务建议或决策方案。这可能涉及改变现有的业务流程、推出新的产品或服务、优化营销策略等。在这一阶段，也需要与业务团队、上级或客户沟通，并获得他们的反馈和认可。

第七步，监控和评估。方案执行后，需要对其进行监控和评估，以确保其效果符合预期。这可能涉及收集新数据、进行进一步分析和调整方案等。

总的来说，商业数据分析是一个持续的过程，需要不断地迭代和优化。在每个阶段都需要与业务团队、上级或客户保持紧密的沟通，以确保分析的有效性和业务价值。

第五节　商业数据分析的工具简介

商业数据分析工具是帮助企业进行数据分析、挖掘数据价值的重要工具。这些工具通常具备数据收集、处理、分析和可视化等功能，能够帮助企业从海量数据中提取有用信息，优化业务流程，提升决策水平。以下简单介绍一些常见的商业数据分析工具。

Excel　Microsoft Excel 是一款功能强大的电子表格软件，也是商业数据分析中最常用的工具之一。它提供了丰富的函数和数据分析工具，如数据透视表、图表、条件格式等，可以帮助用户进行数据清洗、整理、分析。

Tableau　Tableau 是一款大数据可视化软件，它提供了交互式数据可视化功能，可以快速创建各种图表、报表和仪表盘，帮助用户深入了解数据和分析结果。

Power BI　Microsoft Power BI 是一个商业智能（business intelligence，BI）工具，它可以将数据转化为视觉化图表，帮助用户更好地理解数据和分析结果。Power BI 支持多种数据源，可以与 Excel 等工具无缝集成，同时提供了丰富的可视化选项和交互式功能。

Splunk　Splunk 是一个可扩展的数据平台，主要用于机器数据的收集、分析和可视化。它可以帮助企业实时监控和分析机器生成的大量数据，如日志文件、网络流量等，从而及时发现和解决问题，优化业务流程。

Sisense　Sisense 是一个商业智能数据分析平台，它提供了从数据收集到可视化的完整解决方案。Sisense 可以帮助用户快速构建自定义的仪表盘和报告，支持多种数据源和数据格式的导入和整合，同时提供了高速计算和交互式分析功能。

Microstrategy　Microstrategy 是一个功能强大的商业智能平台，它提供了全面的数据分析、报告和可视化功能。Microstrategy 支持多种数据源和数据格式的导入和整合，同时提供了丰富的数据分析和挖掘工具，如预测分析、趋势分析等。

Google Analytics　这是一款由谷歌提供的免费网站分析工具，它可以帮助用户分析网站流量、用户行为、转化率等数据，从而优化网站运营和市场营销策略。

SAP Analytics Cloud　SAP Analytics Cloud 是一个全面的云分析平台，它提供了数据可视化、预测分析、智能推荐等功能，帮助企业从海量数据中提取有价值的信息，并据此做出明智的决策。

QlikView 和 Qlik Sense　Qlik 提供了一系列商业智能和数据分析解决方案，其中 QlikView 是一个经典的数据可视化工具，而 Qlik Sense 是一个更现代化的、基于云的分析平台。它们都提供了强大的数据关联和可视化功能，帮助用户快速洞察数据背后的故事。

KNIME　KNIME 是一个开源的数据分析、报告和集成平台，它提供了丰富的数据处理和分析组件，用户可以通过拖拽的方式构建数据流和分析模型，无须编写复杂的代码。

RapidMiner　RapidMiner 是一个数据科学平台，它提供了数据准备、机器学习、文本挖掘、预测分析等功能，同时还支持 R 和 Python 等编程语言的扩展，适合具备一定编程基础的数据分析师和数据科学家使用。

Looker　Looker 是一个数据平台，它将数据分析和可视化功能与数据管理和治理相结合，帮助用户在一个统一的平台上进行数据探索、分析和共享。

　　Dundas BI　Dundas BI 是一个灵活的商业智能和数据分析平台，它提供了丰富的数据可视化选项和交互式功能，同时还支持自定义报表和仪表盘的创建与分享。

　　这些商业数据分析工具各具特色，企业可以根据自身需求和实际情况选择适合自己的工具。同时，随着大数据和人工智能技术的不断发展，商业数据分析工具也在不断更新和升级，企业需要保持对新技术和新工具的关注和探索，以不断提升自身的数据分析能力和竞争力。

第二章 Python 数据分析入门

Python 是一门易于学习、功能强大的编程语言。它提供了高效的高级数据结构，还能简单有效地面向对象编程。Python 语法和动态类型，以及解释型语言的本质，使它成为多数平台上写脚本和快速开发应用的理想语言。

Python 官网(https：//www.python.org/)上免费提供了 Python 解释器和扩展的标准库，包括源码和适用于各操作系统的机器码形式，并可自由地分发。Python 官网还包含许多免费的第三方 Python 模块、程序和工具发布包及文档链接。

Python 解释器易于扩展，使用 C 或 C++(或其他 C 能调用的语言)即可为 Python 扩展新功能和数据类型。Python 也可用作定制软件中的扩展程序语言。

Python 是一个高层次的结合了解释性、编译性、互动性和面向对象的脚本语言。Python 的设计具有很强的可读性，相比其他语言经常使用英文关键字、其他语言的一些标点符号，它具有比其他语言更有特色的语法结构。

Python 是初学者的语言。Python 对初级程序员而言，是一种伟大的语言，它支持广泛的应用程序开发，从简单的文字处理到 WWW 浏览器再到游戏。

第一节 Python 语言开发环境和设置

一、Python 的安装

首先在 Python 官网(https：//www.python.org/)中点击下载需要的版本，本节以下载 Python 3.9.12 为例，见图 2.1。

我们选择下载"Windows installer(64-bit)"，这是官方较推荐的版本，见图 2.2。点击之后会自动下载。

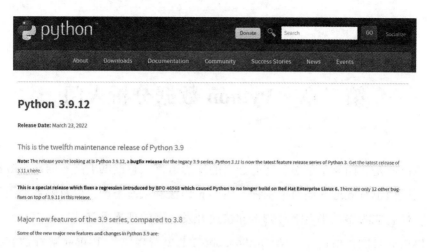

图 2.1　Python 官网下载界面

Files

Version	Operating System	Description	MD5 Sum	File Size	GPG
Gzipped source tarball	Source release		abc7f7f83ea8614800b73c45cf3262d3	26338472	SIG
XZ compressed source tarball	Source release		4b5fda03e3fbfceca833c997d501bcca	19740524	SIG
macOS 64-bit Intel-only installer	macOS	for macOS 10.9 and later, deprecated	d9a46473d41474b05b02ab4d42d6e2f1	30962328	SIG
macOS 64-bit universal2 installer	macOS	for macOS 10.9 and later	e0144bd213485290adc05b57e09436eb	38791860	SIG
Windows embeddable package (32-bit)	Windows		94955cca54dd7d21bedc4d10ab9d2d81	7695012	SIG
Windows embeddable package (64-bit)	Windows		5b16e3ca71cc29ab71a6e4b92a2f3f13	8533270	SIG
Windows help file	Windows		a7cd250b2b561049e2e814c1668cb44d	8940482	SIG
Windows installer (32-bit)	Windows		1e8477792ec093c02991bd37b8615a2e	28036880	SIG
Windows installer (64-bit)	Windows	Recommended	cc816f1323d591087b70df5fc977feae	29169456	SIG

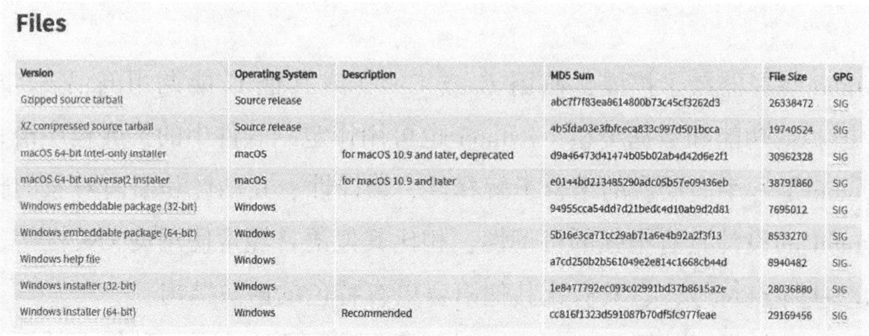

图 2.2　Python 下载类型

之后会得到一个后缀为“.exe”的可执行文件，双击运行进入(见图 2.3)，选中“Add Python 3.9 to PATH”，点击“Install Now”就会自动安装 Python 应用程序。

接下来我们测试一下 Python 是否安装成功，在运行里输入 cmd 命令并以管理员身份运行。打开命令提示符，接着在命令行中输入 Python，此时会出现版本号信息。这时输入“a=100，b=300，c=a+b”，再输入“c”，如显示“400”，说明 Python 安装成功，见图 2.4。

图 2.3 Python 安装界面

图 2.4 命令提示符下测试 Python 安装成功

二、Python IDLE 的开发环境

IDLE 是加强版的交互式命令行 Python 编程工具，全称为 integrated development and learning environment，是 Python 自带的集成开发和学习环境。在实际开发中，通常不能只包含一行代码，当需要编写多行代码时，可以单独创建一个文件保存这些代码，在全部编写完成后一起执行"File→ New File"菜单项，此时打开一个

15

新窗口，在该窗口中可以直接编写 Python 代码，见图 2.5。该示例为画出一个爱心形状。

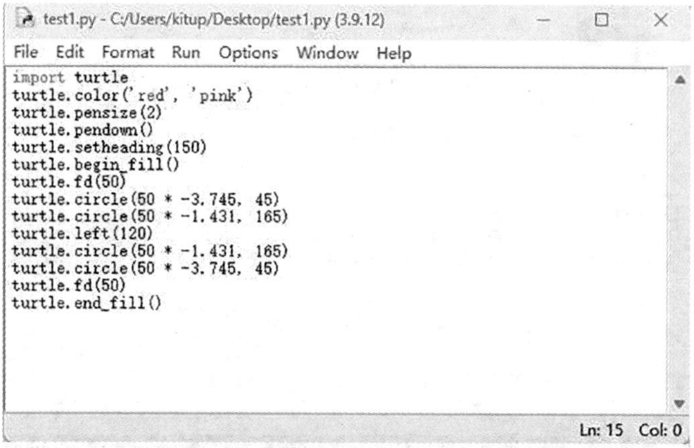

图 2.5　编写 Python 代码

在代码编辑区中，输入图 2.5 中的代码，按下快捷键"Ctrl+S"保存文件，这里将文件名称设置为"test1. py"，保存在桌面上。". py"是 Python 文件的扩展名。在菜单栏中选择"Run → Run Module"菜单项，也可以直接按下快捷键"F5"，运行程序可得到爱心形状的效果图，见图 2.6。

图 2.6　运行效果

三、Anaconda 开发环境的安装

Anaconda 是一个用于科学计算的 Python 发行版，支持 Linux、Mac 和 Windows，包含了众多流行的科学计算、数据分析的 Python 包。Anaconda 安装包可以到清华大学开源软件镜像站（https：//mirrors. tuna. tsinghua. edu. cn/anaconda/archive/）下载。

下面我们简单介绍一下在 Windows 系统如何安装 Anaconda。在 Anaconda 的下载界面中（见图 2.7），选择 Windows 版本，下载与自己所用操作系统位数相适配的发行版本。

Anaconda3-5.1.0-Windows-x86.exe	435.5 MiB	2018-02-15 23:26
Anaconda3-5.1.0-Windows-x86_64.exe	537.1 MiB	2018-02-15 23:27
Anaconda3-5.2.0-Linux-ppc64le.sh	288.3 MiB	2018-05-31 02:37
Anaconda3-5.2.0-Linux-x86.sh	507.3 MiB	2018-05-31 02:37
Anaconda3-5.2.0-Linux-x86_64.sh	621.6 MiB	2018-05-31 02:38
Anaconda3-5.2.0-MacOSX-x86_64.pkg	613.1 MiB	2018-05-31 02:38
Anaconda3-5.2.0-MacOSX-x86_64.sh	523.3 MiB	2018-05-31 02:39
Anaconda3-5.2.0-Windows-x86.exe	506.3 MiB	2018-05-31 02:41
Anaconda3-5.2.0-Windows-x86_64.exe	631.3 MiB	2018-05-31 02:41
Anaconda3-5.3.0-Linux-ppc64le.sh	305.1 MiB	2018-09-28 06:42
Anaconda3-5.3.0-Linux-x86.sh	527.2 MiB	2018-09-28 06:42
Anaconda3-5.3.0-Linux-x86_64.sh	636.9 MiB	2018-09-28 06:43
Anaconda3-5.3.0-MacOSX-x86_64.pkg	633.9 MiB	2018-09-28 06:43
Anaconda3-5.3.0-MacOSX-x86_64.sh	543.6 MiB	2018-09-28 06:44
Anaconda3-5.3.0-Windows-x86.exe	508.7 MiB	2018-09-28 06:46
Anaconda3-5.3.0-Windows-x86_64.exe	631.4 MiB	2018-09-28 06:46
Anaconda3-5.3.1-Linux-x86.sh	527.3 MiB	2018-11-20 04:00
Anaconda3-5.3.1-Linux-x86_64.sh	637.0 MiB	2018-11-20 04:00

图 2.7　Anaconda 下载界面

若用户使用的操作系统是 64 位的，则选择下载"64-Bit Graphical Installer"。假设我们下载的是 64 位的 Anaconda 安装包，待下载完毕后，双击已下载的安装包"Anaconda3-5.2.0-Windows-x86_64. exe"，即可进入安装初始界面，如图 2.8 所示，点击"Next"，进入下一步。

下一步为同意协议与条款，直接点击"I Agree"即可，如图 2.9 所示。

若用户安装 Anaconda 的目的仅是为自己服务，则选择"Just Me"选项。若用户想让 Anaconda 可以为当前计算机的所有用户服务，则选择"All Users"选项，这时操作系统会请求管理员权限。选择完毕后，单击"Next"按钮，进入正式安装程序，如图 2.10 所示。

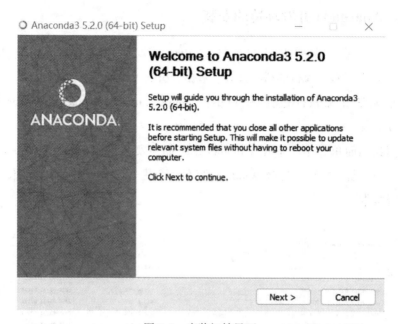

图 2.8 安装初始界面

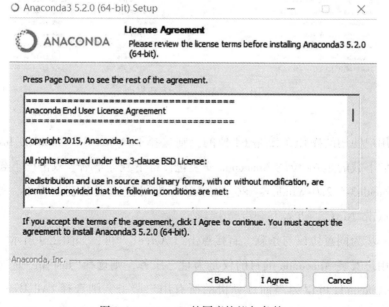

图 2.9 Anaconda 的同意协议与条款

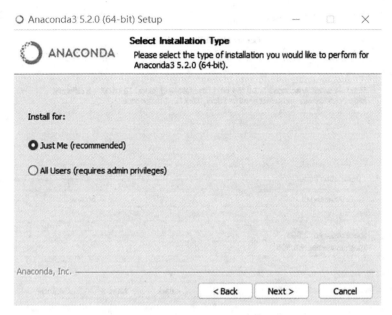

图 2.10　选择适用的用户范围

需要注意的是，若 Anaconda 的默认目录中（如 C：\ Users \ *** \ Anaconda3）事先安装过 Anaconda 的早期版本，或者同名的 Anaconda 文件夹不为空，则无法进行安装。这时解决的方法通常有两种：一是手动删除旧的安装目录，保障目前 Anaconda 安装路径的"纯洁性"；二是选择不同的安装目录。这里，我们可以直接在 C 盘根目录下的 Anaconda3 文件夹下安装 Anaconda，如图 2.11 所示。

此外，还需要注意的是，安装路径一定不能有空格或中文字符，因为 Anaconda 暂时不支持间断性（含有空格）的安装路径和 Unicode 编码。在解决 Anaconda 安装路径的问题后，即可进入图 2.12 所示的界面。

在图 2.12 中，建议初学者将两个选项都选上。第一个选项说的是，将 Anaconda 的路径设置到系统的 PATH 环境变量中。这个设置很重要，会给用户提供很多方便，如用户可以在任意命令行路径下启动 Python 或使用 conda 命令。第二个选项说的是，选择 Anaconda 作为默认的 Python 编译器。这个选项会令诸如 PyCharm、Wing 等 IDE（integrated development environment）集成开发环境自动检测 Anaconda 的存在。

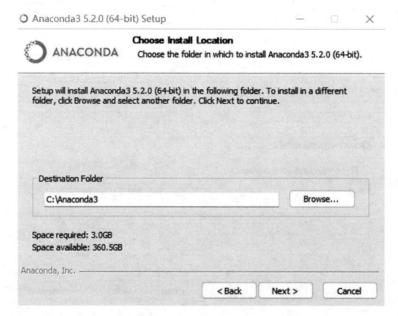

图 2. 11　选择目标文件夹

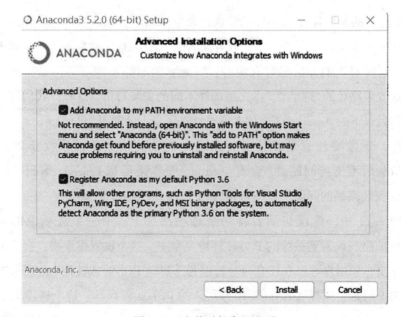

图 2. 12　安装时的高级选项

选好后单击"Install（安装）"按钮，正式进入安装流程。再不断单击"Next"（下一步）按钮，即可进入图 2.13 所示的界面。一旦出现该界面，那么恭喜你，Anaconda 已经成功安装。

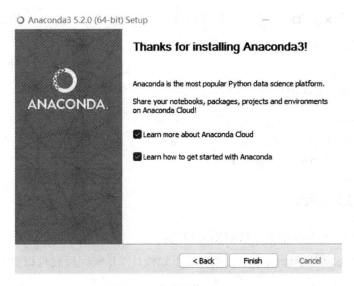

图 2.13　成功安装 Anaconda

安装完成之后，可以选择下面的结果进行验证是否安装成功：

（1）"开始 → Anaconda3（64-bit）→ Anaconda Navigator"，若可以成功启动 Anaconda Navigator 则说明安装成功。

（2）"开始 → Anaconda3（64-bit）→（右键点击）Anaconda Prompt → 以管理员身份运行"，在 Anaconda Prompt 中输入"conda list"，可以查看已经安装的包名和版本号。若结果可以正常显示，则说明安装成功。

第二节　Python 基本语法

一、Python 变量

在 Python 中，变量是用来存储数据的一种基本构造。它们允许你在程序中引用、修改和传递数据。Python 变量不需要预先声明，你可以直接为它们赋值。Python 是一种动态类型语言，这意味着变量的类型可以在运行时改变。

1. 变量的创建和赋值

创建一个变量非常简单，你只需要使用赋值操作符（=）将一个值赋给一个变量名。例如：

x = 10

y = "Hello，World！"

z = [1，2，3]

在这个例子中，我们创建了三个变量：x、y、z，并分别给它们赋了一个整数值、一个字符串值和一个列表值。

2. 变量命名规则

变量名在 Python 中有一些规则和约定：

变量名必须以字母（a—z，A—Z）或下划线（_）开头，后面可以跟着字母、下划线和数字（0~9）。

变量名是区分大小写的，因此"my_var"和"my_Var"是两个不同的变量。

变量名不应与 Python 的保留字（如 if、for 和 while 等）相同。

为了增加代码的可读性，通常推荐使用小写字母和下划线组合的方式来命名变量（蛇形命名法，如"my_variable"）。

3. 变量的类型

Python 是动态类型，但变量本身会有一个特定的类型，这个类型取决于赋给它的值。可以使用 type() 函数来检查一个变量的类型。

a = 123

print(type(a))　　# <class 'int'>

b = "text"

print(type(b))　　# <class 'str'>

```
c = 3. 14
print( type( c) )    # <class 'float'>

d = [1, 2, 3]
print( type( d) )    # <class 'list'>

e = { "key" : "value" }
print( type( e) )    # <class 'dict'>
```

4. 变量的生命周期和作用域

在 Python 中，变量的生命周期取决于它们被定义的位置和它们的使用方式。局部变量(在函数内部定义的变量)在函数执行完毕后会被销毁，而全局变量(在函数外部定义的变量)则会在整个程序执行期间一直存在。

变量的作用域描述了变量在程序中的可见性。局部变量只能在其被定义的函数或代码块内部访问，而全局变量可以在整个程序中访问。

5. 变量的引用和对象

在 Python 中，变量实际上是对象的引用。当创建一个变量并给它赋值时，Python 会在内存中创建一个对象，并将变量绑定到该对象上。如果将同一个对象赋值给另一个变量，那么这两个变量将引用同一个对象。

```
a = [1, 2, 3]
b = a
b. append( 4)
print( a)    # 输出：[1, 2, 3, 4]，因为 a 和 b 引用同一个列表对象
```

了解这些关于 Python 变量的基础知识将帮助人们更好地编写和理解 Python 代码。

6. 声明变量和赋值

在 Python 中，声明变量并为其赋值是一个简单直接的过程。实际上，在 Python 中不需要显式地声明变量的类型，因为 Python 是一种动态类型语言，它

会在运行时自动推断变量的类型。我们只需使用赋值操作符(＝)将值赋给变量。

以下是如何在 Python 中声明变量并为其赋值的步骤：

第一步，选择一个变量名。这个变量名应该简洁且有意义，能够描述变量的用途或它所存储的数据的性质。

第二步，使用赋值操作符(＝)将值赋给变量。在赋值操作符的左边写下变量名，右边写下想要赋给该变量的值。

示例如下：

```
# 声明一个整数变量并赋值
age = 25
```

```
# 声明一个浮点数变量并赋值
price = 9.99
```

```
# 声明一个字符串变量并赋值
greeting = "Hello, world!"
```

```
# 声明一个列表变量并赋值
fruits = ["apple", "banana", "cherry"]
```

```
# 声明一个字典变量并赋值
person = {"name": "Alice", "age": 30, "city": "New York"}
```

在上面的例子中，我们声明了五个变量：age、price、greeting、fruits 和 person，并分别给它们赋了整数值、浮点数值、字符串值、列表值和字典值。

请注意，Python 中的变量赋值实际上是创建了一个对象的引用。这意味着如果将一个可变对象(如列表或字典)赋值给另一个变量，然后修改其中一个变量的值，另一个变量的值也会跟着改变，因为它们引用的是同一个对象。但是，对于不可变对象(如整数、浮点数和字符串)，赋值操作会创建对象的一个新副本，因此修改其中一个变量的值不会影响另一个变量的值。

```
# 可变对象的例子
list1 = [1, 2, 3]
```

```
list2 = list1
list2. append(4)
print(list1)  # 输出：[1，2，3，4]，因为 list1 和 list2 引用同一个列表

# 不可变对象的例子
num1 = 10
num2 = num1
num2 = 20
print(num1)   # 输出：10，num1 的值没有改变
```

二、Python 数据类型

Python 是一种强类型的动态脚本语言，它拥有多种内置的数据类型，这些数据类型决定了数据的存储方式、取值范围及可以进行的操作。以下是 Python 中常见的数据类型及其详细描述。

1. 整数类型(integers)

整数类型用于存储正整数、负整数和零。在 Python 3 中，整数类型只有 int 一种，不再有 Python 2 中的 long 类型(在 Python 2 中，long 用于表示任意大小的整数)。

Python 中的整数大小仅受限于可用内存，理论上可以无限大。

示例：a = 10, b = -20.

2. 浮点类型(floating point numbers)

浮点类型用于存储有小数点的数值。在 Python 中，浮点数使用 float 表示，它们可以用科学计数法表示(例如，2.5e2 = 250.0)。

浮点数不是完全精确的，因为它们是基于二进制的，并且可能产生舍入误差。

示例：pi = 3.14159, e = 2.71828.

3. 复数类型(complex numbers)

复数类型用于存储包含实部和虚部的数值。复数在 Python 中使用 complex 表示，并且可以通过 $a+bj$ 或 complex(a, b)的形式创建，其中 a 和 b 是浮点数，分别代表复数的实部和虚部。

示例：$c = 3+4j$.

4. 布尔类型(booleans)

布尔类型用于存储逻辑值，它只有两个值：True 和 False。布尔值经常用于条件语句中，以确定程序的控制流。

示例：is_raining = True, has_umbrella = False.

5. 字符串类型(strings)

字符串类型用于存储文本数据，即一系列字符的集合。字符串在 Python 中使用 str 表示，可以通过单引号(')、双引号(")或三引号('''或""")来定义。字符串是不可变的，这意味着一旦创建了一个字符串对象，就不能修改它的内容。

示例：greeting = " Hello, World!", multi _ line = """ This is a multi-line string. """.

6. 列表类型(lists)

列表类型用于存储一系列有序的元素，这些元素可以是不同类型的数据。列表在 Python 中使用 list 表示，并且可以通过方括号([ ])来定义，元素之间用逗号分隔。列表是可变的，这意味着可以修改列表的内容，比如添加、删除或替换元素。

示例：fruits = ["apple", "banana", "cherry"].

7. 元组类型(tuples)

与列表类似，元组类型也用于存储一系列有序的元素，但元组是不可变的。元组在 Python 中使用 tuple 表示，并且可以通过圆括号[( )]来定义(不过，只有一个元素的元组需要在元素后面加一个逗号来区分它和数学运算中的括号)。元组通常用于表示一组不应该被修改的值。

示例：coordinates = (4 , 5) , single_element_tuple = (1 ,) .

8. 集合类型(sets)

集合类型用于存储一系列无序且不重复的元素。集合在 Python 中使用 set 表示，并且可以通过花括号({ })或 set( )函数来定义[注意，空花括号用于定义字典，所以空集合应使用 set( )]。集合支持数学集合运算，如并集、交集、差集等。

示例：colors = { "red" , "green" , "blue" } .

9. 字典类型(dictionaries)

字典类型用于存储一系列键值对(key-value pairs) ，其中键是唯一的。字典在 Python 中使用 dict 表示，并且可以通过花括号({ })来定义，键值对之间用逗号分隔，键和值之间用冒号分隔。字典是一种可变的数据结构，可以添加、删除或修改键值对。

示例：person = { "name" : "Alice" , "age" : 30 } .

10. 其他数据类型

除了以上基本的数据类型，Python 还支持其他更复杂的数据类型，如 bytes (用于存储字节序列) 、bytearray(可变的字节序列) 、memoryview(字节序列的只读视图) 等。

另外，Python 也支持用户自定义数据类型，如通过类(class)定义的数据结构。了解这些数据类型以及它们的属性和方法，对编写有效的 Python 代码至关重要。

三、**Python 运算符**

Python 中提供了各种各样的运算符帮助我们解决各种实际问题。Python 中的运算符主要包括算术运算符、比较运算符、赋值运算符、逻辑运算符、身份运算符、成员运算符和位运算符。下面将一一介绍这些运算符的具体种类和使用方法。

1. 算术运算符

算术运算符帮助我们完成各种各样的算术运算，如加减乘除等。Python 中的算术运算符的种类如表 2.1 所示。假设 $x=7$，$y=3$，运算结果如表 2.1 所示。

表 2.1　　　　　　　　　　　　　算术运算符

运算符	名　　称	实例	运算结果
+	加	x+y	10
−	减	x−y	4
*	乘	x * y	21
/	除	x/y	2. 3333333333
%	取模：返回两个数相除的余数部分	x%y	1
**	幂运算	x ** y	343
//	取整：返回商的整数部分(向下取整)	x//y	2

2. 比较运算符

比较运算符的作用是对变量或表达式的结果进行大小或真假的比较。其计算结果有两种：True 或 False。表 2.2 给出了 Python 中所有的比较运算符的形式及其含义。表中的 x、y 的取值：$x=7$，$y=8$，其运算结果如表 2.2 所示。

表 2.2　　　　　　　　　　　　　比较运算符

运算符	名称	实例	运算结果
= =	等于	x = = y	False
! =	不等于	x! =y	True
>	大于	x>y	False
<	小于	x<y	True
>=	大于或等于	x>=y	False
<=	小于或等于	x<=y	True

3. 赋值运算符

在 Python 中，变量无须定义，可以直接使用，即在使用时可以直接把基本赋值运算符"="右边的值赋给左边的变量，也可以在进行某些运算后再赋值给左边的变量。Python 中的赋值运算符有两种形式：

(1)基本的赋值运算符，即单个"="，其把右边的值或运算结果赋给左边的变量。

(2)复合的赋值运算符，即由算术运算符和"="组合成的赋值运算符，其兼有运算和赋值的功能，如"+="，相当于左边的操作数加上右边的操作数后，再赋值给左边的操作数。

在 Python 中常用的赋值运算符如表 2.3 所示。

表 2.3　　　　　　　　　　　　　赋值运算符

运算符	实例	等同于
=	x = 5	x = 5
+ =	x += 3	x = x+3
− =	x − = 3	x = x−3
* =	x * = 3	x = x * 3
/ =	x/ = 3	x = x/3
% =	x% = 3	x = x%3
// =	x// = 3	x = x//3
** =	x ** = 3	x = x ** 3
& =	x& = 3	x = x&3
| =	x| = 3	x = x| 3
^=	x^= 3	x = x^3
>> =	x>> = 3	x = x>>3
<< =	x<< = 3	x = x<<3

4. 逻辑运算符

Python 有三种逻辑运算符：逻辑与、逻辑或、逻辑非。

（1）逻辑与（and）：and 运算需要两个操作数，如果参与运算的两个操作数都为 True，则结果为 True，否则运算结果为 False。

（2）逻辑或（or）：or 运算也需要两个操作数，如果参与 or 运算的两个操作数有一个为 True，则运算结果为 True；两个操作数都是 False 时，则返回结果 False。

（3）逻辑非（not）：not 只需要一个操作数，它对原值取反，即操作数为 True 时，非运算完后为 False；原操作数为 False 时，非运算完后 True。

假设 $x=5$，运算的结果如表 2.4 所示。

表 2.4　　　　　　　　　　　　　　　逻辑运算符

运算符	描　　述	实例	运算结果
and	如果两个语句都为真，则返回 True	x>3 and x<10	True
or	如果其中一个语句为真，则返回 True	x>3 or x<4	True
not	反转结果，如果结果为 True，则返回 False	not(x>3 and x<10)	False

5. 身份运算符

身份运算符用于比较对象，不是比较它们是否相等，但如果它们实际上是同一个对象，则具有相同的内存位置。假设 x = [" Red" ," Yellow"]，y = [" Red" ," Yellow"]，运算结果如表 2.5 所示。

表 2.5　　　　　　　　　　　　　　　身份运算符

运算符	描　　述	实例	运算结果
is	如果两个变量是同一个对象，则返回 true	x is y	False
is not	如果两个变量不是同一个对象，则返回 true	x is not y	True

6. 成员运算符

成员运算符用于测试序列是否在对象中出现，假设 x = Red，y = [" Red "，" Yellow "]，运算结果如表 2.6 所示。

表 2.6 　　　　　　　　　　　　　**成员运算符**

运算符	描 述	实例	运算结果
in	如果对象中存在具有指定值的序列，则返回 True	x in y	True
not in	如果对象中不存在具有指定值的序列，则返回 True	x not in y	False

7. 位运算符

位运算符用于比较(二进制)数字，如表 2.7 所示。

表 2.7 　　　　　　　　　　　　　**位 运 算 符**

运算符	名称	描 述
&	and	如果两个位均为 1，则将每个位设为 1
|	or	如果两个位中的一个位为 1，则将每个位设为 1
^	xor	如果两个位中只有一个位为 1，则将每个位设为 1
~	not	反转所有位
<<	zero fill left shift	通过从右侧推入零来向左移动，推掉最左边的位
>>	signedright shift	通过从左侧推入最左边的位的副本向右移动，推掉最右边的位

四、Python 列表

Python 中最常用的数据结构之一是列表，它具有强大的功能和易于使用的创建方法。列表可以完成大多数集合类的数据结构实现，包括数字、字符串和可迭代对象。列表的创建方法包括创建一个列表并赋初值，可以使用表达式创建，也可以将其他数据转换为列表。列表的运算符包括加号和乘号，用于组合列表；星号用于重复列表。列表是 Python 中最常用的数据类型之一，可以完成大多数集合类的数据结构实现。

Python 有 6 个序列的内置类型，但最常见的是列表和元组。序列都可以进行的操作包括索引、切片、加、乘、检查成员。此外，Python 已经内置了确定序列的长度及确定最大和最小元素的方法。

1. 创建一个列表

只要把逗号分隔的不同数据项用方括号括起来即可。如下所示：

list1 = ['physics', 'chemistry', 1997, 2000];

list2 = [1, 2, 3, 4, 5];

list3 = ["a", "b", "c", "d"]

与字符串的索引一样，列表索引从 0 开始。列表可以进行截取、组合等。

2. 访问列表中的值

可以使用下标索引来访问列表中的值，也可以使用方括号的形式截取字符，如下所示：

list1 = ['physics', 'chemistry', 1997, 2000];

list2 = [1, 2, 3, 4, 5, 6, 7];

print "list1[0]:", list1[0]

print "list2[1:5]:", list2[1:5]

以上实例输出结果为

list1[0]: physics

list2[1:5]: [2, 3, 4, 5]

3. 更新列表

可以对列表的数据项进行修改或更新，也可以使用 append( )方法来添加列表项，如下所示：

list = ['physics', 'chemistry', 1997, 2000];

print "Value available at index 2 :"

print list[2];

list[2] = 2001;

print "New value available at index 2 :"

print list[2];

以上实例输出结果为

Value available at index 2 :

1997

New value available at index 2 :

2001

4. 删除列表元素

可以使用 del 语句来删除列表的元素，实例如下：

list1 = ['physics', 'chemistry', 1997, 2000];

print list1;

del list1[2];

print "After deleting value at index 2 :"

print list1;

以上实例输出结果为

['physics', 'chemistry', 1997, 2000]

After deleting value at index 2 :

['physics', 'chemistry', 2000]

5. Python 列表脚本操作符

列表对"+"和"＊"的操作符与字符串相似。"+"号用于组合列表，"＊"号用于重复列表，如表 2.8 所示。

表2.8　　　　　　　　　　　　Python 列表脚本操作符

Python 表达式	结果	描述
len([1, 2, 3])	3	长度
[1, 2, 3]+[4, 5, 6]	[1, 2, 3, 4, 5, 6]	组合

续表

Python 表达式	结果	描述
['Hi!'] * 4	['Hi!', 'Hi!', 'Hi!', 'Hi!']	重复
3 in [1, 2, 3]	True	元素是否存在于列表中
for x in [1, 2, 3]: print x	1 2 3	迭代

6. Python 列表截取

Python 的列表截取与字符串操作类型，假设 L = ['spam', 'Spam', 'SPAM!']，操作结果如表 2.9 所示。

表 2.9 **Python 列表截取**

Python 表达式	结果	描述
L[2]	'SPAM!'	读取列表中第三个元素
L[-2]	'Spam'	读取列表中倒数第二个元素
L[1:]	['Spam', 'SPAM!']	从第二个元素开始截取列表

7. Python 列表操作的函数和方法

列表操作包含以下函数：

cmp(list1, list2)：比较两个列表的元素；

len(list)：列表元素个数；

max(list)：返回列表元素最大值；

min(list)：返回列表元素最小值；

list(seq)：将元组转换为列表。

列表操作包含以下方法：

list. append(obj)：在列表末尾添加新的对象；

list. count(obj)：统计某个元素在列表中出现的次数；

list. extend(seq)：在列表末尾一次性追加另一个序列中的多个值(用新列表

扩展原来的列表）；

list. index(obj)：从列表中找出某个值第一个匹配项的索引位置；

list. insert(index, obj)：将对象插入列表；

list. pop(obj=list[-1])：移除列表中的一个元素(默认最后一个元素)，并且返回该元素的值；

list. remove(obj)：移除列表中某个值的第一个匹配项；

list. reverse()：反向列表中元素；

list. sort([func])：对原列表进行排序。

五、Python 条件语句

Python 中的条件语句是程序控制流的关键部分，允许程序基于某些条件的真假来执行不同的代码块。以下是 Python 条件语句的详细描述。

1. if 语句

if 语句用于测试一个条件，如果该条件为真(True)，则执行相应的代码块。如果条件为假(False)，则代码块不会执行。

基本语法：

if condition：

条件为真时执行的代码块

示例：

x = 10

if x > 5：

    print("x 大于 5")

在这个例子中，因为 x 的值大于 5，所以 print 语句会执行，输出 "x 大于 5"。

2. if…elif…else 语句

如果需要检查多个条件并执行不同的代码块，可以使用 elif(即 "else if" 的缩写)来添加额外的条件，以及使用 else 来处理所有其他情况。

基本语法：

if condition1：

条件 1 为真时执行的代码块

elif condition2：

条件 1 为假，但条件 2 为真时执行的代码块

else：

条件 1 和条件 2 都为假时执行的代码块

示例：

age = 18

if age < 12：

　　print("你还是个孩子")

elif age >= 12 and age < 18：

　　print("你是青少年")

else：

　　print("你已经成年了")

在这个例子中，因为 age 的值是 18，所以 else 部分的代码块会执行，输出 "你已经成年了"。

3. 嵌套条件语句

条件语句可以嵌套在其他条件语句中，这意味着可以在一个条件语句的代码块中包含另一个完整的条件语句。

示例：

score = 85

if score >= 60：

　　if score >= 80：

　　　　print("优秀")

　　else：

　　　　print("良好")

else：

　　print("不及格")

　　在这个例子中，外部条件检查 score 是否大于或等于 60，如果是则执行内部条件语句。内部条件检查 score 是否大于或等于 80，如果是则输出 "优秀"，否则输出 "良好"。如果外部条件不满足(即 score 小于 60)，则直接输出 "不及格"。

4. 条件表达式(三元运算符)

　　Python 还支持条件表达式，也称为三元运算符，它允许在一行代码中编写简单的 if...else 逻辑。

　　基本语法：

value_if_true if condition else value_if_false

　　示例：

x, y = 5, 10

result = "x 大于 y" if x > y else "x 小于或等于 y"

print(result)   # 输出：x 小于或等于 y

　　在这个例子中，条件 x > y 为假，因此表达式的结果是 "x 小于或等于 y"，这个值被赋给 result 变量并打印出来。

5. 条件语句的其他示例

　　示例 1：检查数字的正负

　　问题：给定一个数字，判断它是正数、负数还是零。

number = int(input("请输入一个数字:"))

if number > 0：

　　print("这是一个正数。")

elif number < 0：

　　print("这是一个负数。")

else：

　　print("这个数字是零。")

示例 2：年龄分类

问题：根据年龄将一个人分类为儿童、青少年或成年人。

```python
age = int(input("请输入你的年龄:"))
if age < 12:
    print("你还是一个儿童。")
elif age >= 12 and age < 18:
    print("你是一个青少年。")
else:
    print("你已经是一个成年人。")
```

示例 3：检查列表中是否存在某个元素

问题：给定一个列表和一个元素，判断该元素是否在列表中。

```python
my_list = [1, 2, 3, 4, 5]
element = int(input("请输入一个数字来检查它是否在列表中:"))

if element in my_list:
    print(f"{element}在列表中。")
else:
    print(f"{element}不在列表中。")
```

示例 4：处理用户输入

问题：根据用户输入的评分给予反馈。

```python
score = float(input("请输入你的评分(0-10):"))

if score < 0 or score > 10:
    print("评分无效，请输入 0 到 10 之间的数字。")
elif score >= 8:
    print("优秀!")
elif score >= 5:
    print("良好。")
else:
    print("需要改进。")
```

通过这些示例，我们可以看到 if 语句在编程中的广泛应用，从简单的条件检查到复杂的逻辑决策,它都是解决问题的重要工具。

六、Python 循环语句

在 Python 编程中,循环语句是用于重复执行特定代码块的控制结构。Python 提供了两种主要的循环结构:for 循环和 while 循环。

1. for 循环

for 循环用于遍历一个序列(如列表、元组、字符串)或其他可迭代对象中的元素。在每次迭代中,循环变量会被赋值为序列中的下一个元素,然后执行相应的代码块。当序列中的所有元素都被遍历后,循环结束。

基本语法如下:

```
for variable in iterable:
    # 循环体:需要重复执行的代码块
```

例如,遍历一个列表并打印每个元素:

```
fruits = ['apple', 'banana', 'cherry']
for fruit in fruits:
    print(fruit)
```

输出:

```
apple
banana
cherry
```

2. while 循环

while 循环会在一个条件表达式为真的情况下重复执行代码块。只要条件保持为真,循环就会继续执行。一旦条件变为假,循环就会终止。

基本语法如下:

```
while condition:
    # 循环体:需要重复执行的代码块
```

例如，使用一个 while 循环来计算从 1 到 5 的累加和：

```
total = 0
num = 1
while num <= 5:
    total += num
    num += 1
print(total)
```

输出：

15

在这个例子中，num 的初始值为 1，并且只要 num 小于或等于 5，循环就会继续执行。在每次迭代中，total 加上 num 的当前值，num 就会自增 1。当 num 变为 6 时，条件变为假，循环终止，最终打印出累加和 15。

3. break 和 continue 语句

在循环内部，我们可以使用 break 语句和 continue 语句来控制循环的执行流程。

break 语句：用于立即终止当前循环，并跳出循环体。一旦遇到 break，循环不会继续执行剩余的迭代。

continue 语句：用于跳过当前迭代中剩余的代码，并立即开始下一次迭代。当遇到 continue 时，当前循环体中 continue 之后的代码不会被执行，而是直接开始下一次循环。

例如：

```
for num in range(1, 11):
    if num % 3 == 0:
        continue
    print(num)
```

输出：

1

2

4

5

7

8

10

在这个例子中，我们使用 range(1，11)生成了一个包含 1 到 10 的数字序列。在循环体中，检查每个数字是否能被 3 整除。如果能，就使用 continue 跳过当前迭代，不打印该数字；反之，打印该数字。因此，输出中不包含能被 3 整除的数字 3、6 和 9。

break 和 continue 可以与 for 循环和 while 循环一起使用，以在需要时提供更精细的控制。

第三节　Python 高阶应用

一、Python 函数

1. Python 函数的概念

在 Python 中，函数是一种可重用的代码块，用于执行特定的任务。通过将代码封装在函数中，可以提高代码的可读性、可维护性和可重用性。函数可以接受输入(参数)，并对输入执行特定的操作，然后可能返回一个输出(返回值)。

2. 定义函数

定义一个函数的基本语法如下：

```
def function_name( parameter1 , parameter2 , …) :
    """ docstring """
    # 函数体，包含一系列逻辑和计算
    …
    return result    # 可选的返回值
```

def 是定义函数的关键字；

function_name 是函数的名字，用于后续调用函数；

parameter1，parameter2，…是函数的参数，它们定义了函数接受的输入类型和数量；

docstring 是文档字符串，用于描述函数的功能、参数和返回值等信息，通常被放在函数体的第一行并被三引号包围；

return result 是可选的返回语句，用于指定函数执行后的返回值。

3. 函数的参数

Python 函数支持多种类型的参数，以满足不同的编程需求。

（1）位置参数：按照定义时的顺序传递的参数。

（2）默认参数：在函数定义时为参数提供默认值，如果在调用时未提供该参数的值，则使用默认值。

（3）关键字参数：在函数调用时通过参数名指定参数值，不必遵循参数定义的顺序。

（4）可变参数：Python 支持两种可变参数：可变位置参数和可变关键字参数。

可变位置参数通过在参数前加星号（＊）来定义，可以接收任意数量的位置参数，并将它们保存为一个元组。

例如：

```python
def sum_numbers( * numbers):
    return sum(numbers)


total = sum_numbers(1, 2, 3, 4)    # 可以传入任意数量的参数
```

可变关键字参数通过在参数前加双星号（＊＊）来定义，可以接收任意数量的关键字参数，并将它们保存为一个字典。

例如：

```python
def print_data( ** kwargs):
    for key, value in kwargs.items():
        print(f"{key}: {value}")
print_data(name = "Alice", age = 25, city = "Wonderland")
```

4. 函数的返回值

函数可以通过 return 语句返回一个值。这个值可以是任何 Python 数据类型，如数字、字符串、列表、字典等。如果函数中没有 return 语句，或者 return 语句没有跟任何值，则函数默认返回 None。

例如：

```
def my_function(x)：
    return 5 * x


print(my_function(3))
print(my_function(5))
print(my_function(9))
```

5. 变量的作用域

在 Python 中，变量的作用域可以是局部的或全局的。

（1）局部变量：在函数内部定义的变量，只能在函数内部访问。当函数执行完毕后，局部变量会被销毁。

（2）全局变量：在函数外部定义的变量，可以在整个程序范围内访问。在函数内部，如果想要修改全局变量的值，需要使用 global 关键字声明。

例如：

```
x = 10    # 全局变量


def modify_global()：
    global x    # 声明 x 是全局变量
    x = 20       # 修改全局变量的值
modify_global()

print(x)    # 输出：20
```

在这个例子中，modify_global 函数通过 global 关键字声明 x 是全局变量，并修改了它的值。因此，在函数外部打印 x 的值时，输出的是修改后的值 20。

6. 匿名函数（lambda 函数）

Python 的 lambda 关键字用于创建匿名函数，即没有名字的小函数。lambda 函数通常用于需要一个简单函数作为参数的场合，如排序或映射操作。

例如：

```
# 使用 lambda 函数将列表中的元素平方
squared = list(map(lambda x: x ** 2, [1, 2, 3, 4, 5]))
print(squared)    # 输出：[1, 4, 9, 16, 25]
```

7. 递归函数

递归函数是直接或间接调用自身的函数。递归是一种强大的编程技术，可以解决许多复杂的问题，但也需要注意避免无限递归导致程序崩溃。

例如，计算阶乘的递归函数：

```
def factorial(n):
    if n == 0:
        return 1
    else:
        return n * factorial(n-1)
print(factorial(5))    # 输出：120
```

8. 高阶函数

高阶函数是指接受一个或多个函数作为参数，并/或返回一个函数的函数。Python 中函数是"一等公民"，可以作为参数传递，也可以作为返回值。

例如，一个简单的高阶函数，接受一个函数和一个列表，并应用该函数到列表的每个元素：

```
def apply_func(func, lst):
    return [func(x) for x in lst]


# 使用高阶函数将列表中的元素平方
def square(x):
```

```
    return x ** 2
```

```
numbers = [1, 2, 3, 4, 5]
squared_numbers = apply_func(square, numbers)
print(squared_numbers)   # 输出：[1, 4, 9, 16, 25]
```

9. 闭包

闭包是一个能访问和操作其外部词法环境(lexical environment)的函数。这意味着一个函数内部的函数(或称为内嵌函数)可以访问其父级函数的变量，甚至在父级函数执行完毕后，这些变量依然可以被内嵌函数访问。

例如：

```
def outer_function(x):
    def inner_function(y):
        return x+y
    return inner_function
```

```
closure = outer_function(10)
print(closure(5))   # 输出：15
```

在这个例子中，inner_function 是一个闭包，它记住了 outer_function 的变量 x 的值。

10. 装饰器

装饰器是一种特殊类型的函数，用于修改其他函数的行为。装饰器本质上是一个接受函数作为参数的可调用对象，并返回一个新的函数。Python 中通过@语法来使用装饰器。

例如，一个简单的装饰器，用于测量函数的执行时间：

```
import time
def timer_decorator(func):
    def wrapper(*args, **kwargs):
        start_time = time.time()
```

```
        result = func( * args, ** kwargs)
        end_time = time. time( )
        print( f" {func. __name__} took {end_time - start_time} seconds to
run. " )
        return result
    return wrapper


@ timer_decorator
def slow_function( duration) :
    time. sleep( duration)
    return "Done"


slow_function( 2)    # 输出: slow_function took 2. 00xxx seconds to run.
```

在这个例子中，timer_decorator 是一个装饰器，它修改了 slow_function 的行为，添加了测量执行时间的功能。

通过深入了解这些概念，我们能够更好地利用 Python 的函数式编程特性，编写出更加优雅、高效和可维护的代码。

二、Python Lambda

在 Python 中，lambda 是一个用于创建匿名函数(即没有名称的简短函数)的关键字。这些函数也被称为 lambda 函数。它们通常用于需要一个简短、临时的函数的地方，尤其是在与其他函数[如 map( )、filter( )和 reduce( )]结合使用时。

1. Lambda 函数的特点

匿名性：与通过 def 关键字定义的常规函数不同，lambda 函数没有名称。它们通常在使用时直接定义，并且不需要像常规函数那样使用 def 关键字和多行代码。

简洁性：lambda 函数通常只包含一个表达式，这使得它们非常简洁。由于这种简洁性，它们特别适用于简单的操作，其中不需要复杂的逻辑或多个语句。

限制：由于 lambda 函数旨在简洁，因此它们有一些限制。例如，它们不能包含多条语句、赋值操作、复杂的逻辑(如条件或循环语句)。它们仅限于单个表达式。

自动返回值：与常规函数不同，lambda 函数不需要使用 return 语句，它们会自动返回表达式的计算结果。

用途：lambda 函数通常用于需要简短临时函数的地方，尤其是在与其他函数[如 map()、filter()和 sorted()]结合使用时，这些函数接受一个函数作为参数，并对可迭代对象的每个元素执行该函数。

2. Lambda 函数的语法

lambda arguments：expression

arguments：是传递给 lambda 函数的参数，可以有多个，用逗号分隔。

expression：是一个单一的表达式，lambda 函数返回这个表达式的计算结果。

3. 使用 Lambda 函数的示例

(1)基本使用

```
# 定义一个 lambda 函数，接受两个参数并返回它们的和
add = lambda x, y：x+y
print(add(3, 5))  # 输出：8
```

(2)与 map()函数结合使用

```
# 定义一个列表
numbers = [1, 2, 3, 4, 5]
# 使用 lambda 函数将列表中的每个元素都乘以 2
doubled = list(map(lambda x：x * 2, numbers))
print(doubled)  # 输出：[2, 4, 6, 8, 10]
```

(3)与 filter()函数结合使用

```
# 定义一个列表
numbers = [1, 2, 3, 4, 5, 6]
# 使用 lambda 函数过滤出列表中的偶数
even_numbers = list(filter(lambda x：x % 2 = = 0, numbers))
print(even_numbers)  # 输出：[2, 4, 6]
```

（4）与 sorted( )函数结合使用

```
# 定义一个字符串列表
words = ['apple', 'banana', 'cherry', 'date']
# 使用 lambda 函数按照字符串长度进行排序
sorted_words = sorted(words, key = lambda word：len(word))
print(sorted_words)  # 输出：['date', 'apple', 'cherry', 'banana']
```

在这些示例中，我们可以看到 lambda 函数如何用于执行简单的操作，并与 Python 的内置函数一起工作，以简洁明了的方式处理数据。由于它们的简洁性和匿名性，lambda 函数通常用于一次性的简短任务，而不需要在其他地方重用或维护。

三、Python 数组

在 Python 中，数组通常指的是一种可以存储多个相同类型数据项的数据结构，它允许我们通过索引来访问、修改、添加或删除其中的元素。然而，Python 标准库中的列表(list)实际上是一种动态数组，它可以容纳不同类型的元素，并且在功能上类似于其他编程语言中的数组。Python 中还有一个名为 array 的模块，它提供了更接近传统意义上数组的功能，但通常用于存储同一类型的数值数据。

1. Python 列表(List)

Python 列表是一种非常灵活的数据结构，它可以包含任意类型的对象，包括其他列表。列表是动态的，意味着它们可以在运行时增长或缩小。列表提供了许多内置方法来操作其内容，如添加、删除、排序等。

（1）创建列表

```
my_list =[1, 2, 3, 4, 5]  # 创建一个包含整数的列表
mixed_list =[1, "two", 3.0, [4, 5]]  # 创建一个包含不同类型元素的列表
empty_list =[]  # 创建一个空列表
```

（2）访问元素

```
print(my_list[0])  # 输出：1
print(my_list[-1])  # 输出：5
```

(3)修改元素

my_list[0] = 10

print(my_list)　# 输出：[10, 2, 3, 4, 5]

(4)添加元素

my_list. append(6)　# 在列表末尾添加元素

print(my_list)　# 输出：[10, 2, 3, 4, 5, 6]

(5)删除元素

del my_list[0]　# 删除列表中的第一个元素

print(my_list)　# 输出：[2, 3, 4, 5, 6]

(6)列表切片

sub_list = my_list[1：4]　# 提取列表中的一部分元素

print(sub_list)　# 输出：[3, 4, 5]

2. Python array 模块

Python 的 array 模块提供了一个类似列表的数组类型，但它要求所有元素都是同一类型，并且通常用于存储数值类型数据。这种数组类型比列表更加节省空间，并且在存储和处理大量数据时更快。

(1)创建 array

import array

创建一个只包含整数的数组

int_array = array. array('i', [1, 2, 3, 4, 5])

print(int_array)　# 输出：array('i', [1, 2, 3, 4, 5])

创建一个只包含字符的数组

char_array = array. array('u', 'hello world')

print(char_array)　# 输出：array('u', 'hello world')

在上面的例子中，'i '和'u '是类型码，分别表示整数和 Unicode 字符。array 模块支持多种类型码，用于定义数组中元素的类型。

(2)访问和修改元素

print(int_array[0])　# 输出：1

49

```
int_array[0] = 10
print(int_array)    # 输出：array('i', [10, 2, 3, 4, 5])
```

（3）添加和删除元素

```
int_array.append(6)    # 在数组末尾添加元素
print(int_array)    # 输出：array('i', [10, 2, 3, 4, 5, 6])

del int_array[0]    # 删除数组中的第一个元素
print(int_array)    # 输出：array('i', [2, 3, 4, 5, 6])
```

需要注意的是，尽管 array 模块提供的数组类型在某些情况下比列表更加高效，但由于 Python 列表的灵活性和易用性，它们在实际开发中仍然被广泛使用。对于需要处理大量数值数据并且对性能有较高要求的场景，NumPy 库提供了一个更加强大和高效的数组实现。

四、Python 中的类和对象

在 Python 中，类（class）和对象（object）是面向对象编程（object-oriented programming, OOP）的两个核心概念。类是一种抽象的数据类型，用于定义对象应该具有的属性和方法，而对象是类的实例，具有类所定义的属性和方法。

1. 类（class）

类是一个模板或蓝图，它描述了具有相同属性和方法的对象行为和特性。类定义了对象的结构，但不包含实际的数据。你可以把类看作对象的工厂，它定义了如何创建对象。

（1）定义类

```
class ClassName：
    # 属性
    attribute1 = value1
    attribute2 = value2

    # 构造函数（初始化方法）
    def __init__(self, param1, param2)：
        self.param1 = param1
```

```
        self. param2 = param2

        # 方法
        def method1( self) :
            # do something
            pass

        def method2( self, other_param) :
            # do something else
            Pass
```

（2）类的属性

类属性是在类中定义的变量，它们被类的所有实例共享。

实例属性（或对象属性）是在类的"__init__"方法中定义的，每个对象都有自己的一组实例属性。

（3）类的方法

类的方法与普通的 Python 函数相似，但它们的第一个参数总是 self，表示对象本身。通过 self，方法可以访问对象的属性和其他方法。

"__init__"方法是一个特殊的方法，当创建类的新实例时，Python 会自动调用它。这个方法通常用于初始化对象的属性。

2. 对象(object)

对象是类的实例。当创建了一个类的实例后，就拥有了一个对象，它具有类定义的属性和方法。对象是包含数据和操作数据的函数容器。

（1）创建对象

```
# 假设有一个名为 ClassName 的类
obj = ClassName( param1_value, param2_value)    # 调用类的构造函数来创建对象
```

（2）访问对象的属性和方法

```
# 访问对象的属性
print( obj. param1)
```

```
# 调用对象的方法
obj. method1()
obj. method2(other_param_value)
```

（3）对象的引用

对象是通过引用存储的。当将一个对象赋值给一个变量时，实际上就是将对象的引用地址赋值给了变量，而不是对象本身。

可以有多个变量引用同一个对象。

3. 封装(encapsulation)

封装是面向对象编程的四大基本原则之一(其他三个是继承、多态和抽象)。封装意味着将数据(属性)和操作数据的函数(方法)捆绑在一起，并通过对象来访问它们。这有助于保护对象的内部状态，并防止外部代码随意修改对象。

在 Python 中，所有的类成员默认都是公开的，你可以通过命名惯例(如下划线前缀)来指示哪些属性或方法是"私有"的，但不要从类外部直接访问。然而，这种惯例只是程序员之间的约定，Python 并没有强制的访问控制机制来阻止访问。

4. 继承(inheritance)

继承是面向对象编程的另一个核心概念，它允许人们定义一个类(子类)，该类继承另一个类(父类)的属性和方法。子类可以添加新的属性和方法，或者重写父类的方法。

继承的示例：

```
class ParentClass:
    def __init__(self, value):
        self. value = value

    def show_value(self):
        print(self. value)


class ChildClass(ParentClass):
    def __init__(self, value, extra_value):
```

```
        super( ). __init__( value)    # 调用父类的构造函数
        self. extra_value = extra_value


    def show_extra_value( self) :
        print( self. extra_value)
```

```
# 创建 ChildClass 的实例, 它同时拥有 ParentClass 和 ChildClass 的属性和方法
child = ChildClass( 10, "extra")
child. show_value( )        # 输出: 10
child. show_extra_value( )    # 输出: extra
```

在上面的例子中, ChildClass 继承了 ParentClass, 因此 ChildClass 的对象可以访问 ParentClass 中定义的 show_value 方法, 同时也可以访问 ChildClass 自己定义的 show_extra_value 方法。

5. 多态(polymorphism)

多态是指子类可以重写父类的方法, 并且当我们通过父类引用来调用该方法时, 会调用子类重写后的版本(如果引用实际指向的是子类对象)。这允许人们以一种统一的方式处理不同类型的对象。

6. 抽象(abstraction)

抽象是指只展示对象的必要信息, 而隐藏不必要的细节。在 Python 中, 可以通过抽象基类(abstract base class, ABC) 来实现抽象, 抽象基类定义了子类应该实现的方法, 但不提供具体的实现。

总之, 类和对象是 Python 面向对象编程的核心, 它们提供了一种组织代码和数据的强大方式, 使得代码更加模块化、可重用和易于维护。

五、Python 继承

在 Python 中, 继承是面向对象编程(object oriented programming, OOP) 的一个基本特性, 它允许一个类(称为子类或派生类) 继承另一个类(称为父类或基类) 的属性和方法。子类可以重用父类的代码, 同时也可以添加新的属性和方法

来扩展其功能。继承提供了一种层次化的类组织方式，有助于代码的重用、简化和维护。

1. 继承的基本概念

父类(基类)：被继承的类，提供了一组属性和方法的定义。

子类(派生类)：继承父类的类，可以重用父类的属性和方法，并且可以定义新的属性和方法。

继承关系：子类与父类之间的关系，子类继承了父类的所有属性和方法(除了构造方法和私有成员)。

2. 继承的语法

在 Python 中，使用类定义时的括号来指定继承关系。子类放在括号内，紧跟在类名后面。

```
class ParentClass：
    # 父类的属性和方法
    pass


class ChildClass(ParentClass)：
    # 子类的属性和方法
    pass
```

在这个例子中，ChildClass 继承了 ParentClass。这意味着 ChildClass 的实例能够访问 ParentClass 中定义的所有属性和方法。

3. 构造方法的继承

子类通常会定义自己的构造方法(__init__)，用于初始化子类的实例。当子类定义了自己的构造方法时，它不会自动调用父类的构造方法。如果我们希望子类在初始化时执行父类的构造方法，就需要显式地调用它，通常使用 super( )函数。

```
class ParentClass：
    def __init__(self)：
```

```
            print( "Parent __init__" )

class ChildClass( ParentClass ) :
    def __init__( self ) :
        super( ). __init__( )    # 调用父类的构造方法
        print( "Child __init__" )

# 创建一个 ChildClass 的实例
child = ChildClass( )
# 输出:
# Parent __init__
# Child __init__
```

4. 方法重写

子类可以重写父类的方法, 即定义与父类同名的方法。当子类对象调用该方法时, 将执行子类中的版本, 而不是父类中的版本。

```
class ParentClass:
    def show( self ) :
        print( "Parent show" )

class ChildClass( ParentClass ) :
    def show( self ) :
        print( "Child show" )

# 创建一个 ChildClass 的实例
child = ChildClass( )
child. show( )    # 输出: Child show
```

在这个例子中, ChildClass 重写了 ParentClass 的 show 方法。

5. 多重继承

Python 支持多重继承，即一个子类可以同时继承多个父类。

```python
class ParentClass1:
    def show1(self):
        print("ParentClass1 show1")


class ParentClass2:
    def show2(self):
        print("ParentClass2 show2")


class ChildClass(ParentClass1, ParentClass2):
    pass


# 创建一个 ChildClass 的实例
child = ChildClass()
child.show1()    # 输出：ParentClass1 show1
child.show2()    # 输出：ParentClass2 show2
```

在这个例子中，ChildClass 同时继承了 ParentClass1 和 ParentClass2。

6. 继承与多态

继承与多态紧密相关。多态意味着我们可以使用父类类型的引用来引用任何子类的对象，并且可以调用在父类中定义的方法。Python 是动态类型的语言，因此多态在 Python 中是隐式的。

```python
class Animal:
    def make_sound(self):
        pass


class Dog(Animal):
    def make_sound(self):
```

```
            print("Bark")

    class Cat(Animal):
        def make_sound(self):
            print("Meow")

    def animal_sound(animal: Animal):
        animal.make_sound()

    dog = Dog()
    cat = Cat()

    animal_sound(dog)    # 输出: Bark
    animal_sound(cat)    # 输出: Meow
```

在这个例子中, animal_sound 函数接受一个 Animal 类型的参数, 但实际上可以传入任何 Animal 的子类对象, 体现了多态性。

六、Python 迭代器

在 Python 中, 迭代器(iterator)是一个允许程序员遍历容器(尤其是列表)中的元素的对象, 而不需要暴露该容器的底层表示。迭代器实现了迭代器协议, 该协议由两个基本方法组成: "__iter__()"和"__next__()"。

"__iter__()"方法返回迭代器对象本身。如果类定义了此方法, 那么它的实例对象(以及类本身)就是可迭代的, 这意味着它们可以被用于 for 循环和 in 表达式。

"__next__()"方法返回容器的下一个值。当没有更多元素时, 它将引发 StopIteration 异常。

这里有一个简单的迭代器示例, 用于遍历一个范围内的数字:

```
class Counter:
    def __init__(self, low, high):
        self.current = low
```

```
        self. high = high


    def __iter__( self ) :
        return self


    def __next__( self ) :
        if self. current > self. high :
            raise StopIteration
        else :
            self. current += 1
            return self. current − 1
```

```
# 创建一个从 3 计数到 8 的迭代器
counter = Counter( 3 , 8 )
```

```
# 使用 for 循环遍历迭代器
for number in counter :
    print( number )
```

注意：上面的代码示例有一个小问题，它实际上会从 4 开始计数，因为我们在返回之前已经增加了"self. current"。要修复这个问题，我们应该在增加"self. current"之前返回它的值。

修正后的__next__方法如下：

```
def __next__( self ) :
    if self. current > self. high :
        raise StopIteration
    else :
        number = self. current
        self. current += 1
        return number
```

在 Python 中，还可以使用生成器(generators)来创建迭代器，这是一种更简洁、更声明式的方法。生成器函数在 Python 中是通过 yield 关键字来定义的，而不是通常的 return。每次调用生成器函数时，它返回一个迭代器，该迭代器可以遍历函数执行过程中 yield 语句产生的值。

这里是一个使用生成器实现相同功能的例子：

```
def counter(low, high):
    current = low
    while current <= high:
        yield current
        current += 1


# 创建一个从 3 计数到 8 的生成器(迭代器)
counter_gen = counter(3, 8)


# 使用 for 循环遍历生成器
for number in counter_gen:
    print(number)
```

在这个例子中，counter 函数是一个生成器，它产生从 low 到 high(包括 high)的数字序列。每次调用 yield 时，函数的状态会被保存，以便下次迭代时从同一位置继续执行。

七、Python 模块

Python 模块是一个包含 Python 定义和语句的文件。文件扩展名通常是".py"，模块名(即文件名，不带".py")应该符合 Python 标识符的规则。模块可以定义函数、类和变量，也可以包含可执行的代码。模块让人们能够有逻辑地组织 Python 代码段。

1. 使用模块的优点

代码重用：一旦编写了一个模块，便可以在多个程序或脚本中重用它。

命名空间划分：模块有助于避免名称冲突，因为每个模块都有自己的命名空间。

提高代码清晰度：通过将代码组织成模块，可以更容易地理解和维护代码。

2. 如何创建模块

创建一个模块实际上就是创建一个 Python 文件。例如，我们可以创建一个名为"my_module. py"的文件，然后在该文件中编写一些 Python 代码。

3. 如何导入模块

在 Python 中，可以使用 import 语句来导入模块。有几种不同的导入模块的方法。

(1)导入整个模块：import module_name。

(2)导入模块并赋予其别名：import module_name as alias_name。

(3)从模块中导入特定的部分：from module_name import item1，item2，…。

(4)从模块中导入所有内容(不推荐，因为可能导致名称冲突)：from module_name import *。

4. 模块搜索路径

当尝试导入一个模块时，Python 会按照特定的顺序查找该模块。

(1)当前目录。

(2)如果定义了环境变量 PYTHONPATH，Python 会在 PYTHONPATH 中指定的目录里查找。

(3)Python 安装目录中的"lib/site-packages"目录。

5. 标准库模块

Python 附带了大量的标准库模块，这些模块提供了各种功能，如文件处理、网络编程、数据库接口、图形用户界面(graphical user interface，GUI)开发、科学计算等。一些常见的标准库模块包括 os、sys、math、random、datetime、json、re 等。

6. 第三方模块

除了标准库模块，还有大量的第三方模块可供使用。这些模块通常不是

Python 自带的，需要单独安装。我们可以使用 pip 工具来安装第三方模块。一些流行的第三方模块包括 numpy、pandas、matplotlib（用于科学计算和数据可视化）、Django、Flask（用于 Web 开发）等。

7. 自定义模块

除了使用标准库和第三方模块，我们还可以创建自己的自定义模块。自定义模块允许人们封装自己的代码，并在多个项目或脚本中重用。创建自定义模块就是创建一个普通的 Python 文件，使用 import 语句在其他脚本中导入新创建的自定义模块。

第三章　Python 数学运算与统计

Python 在数学运算和统计分析方面能力非常强大，它提供了许多内置函数和第三方库来支持这些操作。在 Python 中，常用的数学运算和统计函数主要分布在内置的 math 模块和 statistics 模块，以及第三方库如 numpy 和 scipy 中。下面将详细描述 Python 在数学运算和统计方面的功能。

第一节　Python 的 math 模块中的常用数学函数

在数学中，除了加减乘除四则运算之外，还有其他运算，比如乘方、开方、对数运算等，要实现这些运算，需要用到 Python 中的一个模块：math。

模块（module）是 Python 中非常重要的东西，我们可以把它理解为 Python 的扩展工具。换言之，Python 默认情况下提供了一些可用的东西，但是这些默认情况下提供的还远远不能满足编程实践的需要，于是就有人专门制作了另外一些工具。这些工具被称为"模块"。

任何一个 Python 编程爱好者都可以编写模块，并且可以把这些模块放到网上供他人使用。当安装好 Python 之后，就有一些默认安装的模块，这个称为"标准库"，"标准库"中的模块不需要安装就可以直接使用。如果没有纳入标准库的模块，需要安装之后才能使用。

math 库是 Python 提供的内置数学类函数库，math 库不支持复数类型，仅支持整数和浮点数运算。math 库一共提供了 4 个数字常数和 44 个函数。44 个函数共分为 4 类，包括 16 个数值表示函数，8 个幂对数函数，16 个三角对数函数和 4 个高等特殊函数。math 模块是标准库中的，所以不用安装，可以直接使用。使用方法是：

import math

用 import 就将 math 模块引用过来了，下面就可以使用这个模块提供的工具了。比如，要得到圆周率：

math. pi

3. 141592653589793

math 模块都能做哪些事情呢？可以用下面的方法看到：

dir(math)

dir(module) 是一个非常有用的指令，可以通过它查看任何模块中所包含的工具。从图 3.1 中就可以看出，在 math 模块中，可以计算如 sin(a)，cos(a)，sqrt(a) 等基本的数学运算。

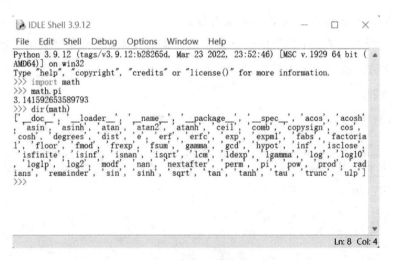

图 3.1　查看 math 模块的工具

这些我们称为函数，也就是在 math 模块中提供了各类计算的函数，比如计算乘方，可以使用 pow 函数。但是，怎么用呢？

Python 提供了一个命令，让我们来查看每个函数的使用方法。

help(math. pow)

在交互模式下输入上面的指令，然后回车，看到下面的信息：

Help on built-in function pow in module math：

pow（…）

pow（x，y）

Return x ** y（x to the power of y）。

这里展示了 math 模块中的 pow 函数的使用方法和相关说明。

第一行意思是说，这里是 math 模块的内建函数 pow 帮助信息（所谓 built-in，称为内建函数，这个函数是 Python 默认就有的）。

第三行，表示这个函数的参数有两个，也是函数的调用方式。

第四行，是对函数的说明，返回 x ** y 的结果，并且在后面解释了 x ** y 的含义。

最后，按 q 键返回到 Python 交互模式。

从上面看到了一个额外的信息，就是 pow 函数和 x ** y 是等效的，都是计算 x 的 y 次方。我们来试一下：

4 ** 2

输出：16

math. pow（4，2）

输出：16. 0

4 * 2

输出：8

特别注意，4 ** 2 和 4 * 2 是有很大区别的。

用类似的方法，可以查看 math 模块中的任何一个函数的使用方法。

下面是几个常用的 math 模块中函数，可以结合自己的调试进行比照。

math. sqrt（9）

输出：3. 0

math. floor(3. 14)

输出：3. 0

math. floor(3. 92)

输出：3. 0

math. fabs(-2)　　　　# 等价于 abs(-2)

输出：2. 0

math. fmod(5，3)　　　　# 等价于 5%3

输出：2. 0

math 模块中，有很多基础的数学知识，我们必须掌握，如指数、对数、三角或幂函数等。下面介绍 math 模块中几类常见的计算。

一、math 模块常数

Python 的 math 模块提供了一系列数学常数，这些常数在进行数学和科学计算时非常有用。以下是 math 模块中一些重要常数的详细介绍和实例。

1. 圆周率 π(math. pi)

圆周率 π 是一个无理数，表示圆的周长与其直径的比值。在 Python 中，可以通过 math. pi 访问这个常数。

实例：

import math

```
# 计算某个圆的面积
radius = 5
area = math. pi  *  radius ** 2
print( "圆的面积:"， area)
```

2. 自然对数的底数 e(math. e)

自然对数的底数 e 也是一个无理数，它是自然对数函数的底数。在 Python 中，可以通过 math. e 访问这个常数。

实例：

```
import math

# 计算 e 的某次方
exponent = 3
result = math. e ** exponent
print("e 的{}次方:". format(exponent), result)
```

3. 正无穷大(math. inf)

正无穷大用于表示一个正的、无穷大的数值。在 Python 中，可以通过 math. inf 访问这个常数。它常用于比较操作中，表示一个绝对值非常大的数。

实例：

```
import math

# 使用正无穷大进行比较
x = 1000
if x < math. inf：
    print("x 是一个有限的数")
else：
    print("x 是正无穷大")
```

4. 不是一个数字(math. nan)

math. nan 表示某些无效或未定义的数学运算结果，如 0 除以 0。在 Python 中，可以通过 math. nan 访问这个常数。它用于指示一个变量应该是一个数值，但由于某种原因(如无效的输入)而变得不是数值。

实例：

import math

0 除以 0 产生 NaN

result = 0 / 0

if math. isnan(result) :

　　print("结果不是一个数字")

else :

　　print("结果是:" , result)

5. 圆周常数 τ(math. tau)

圆周常数 τ 是圆周率 π 的两倍，即 2π。它等于圆的周长与其半径的比值。在 Python 的较新版本中，math 模块提供了 math. tau。这个常数在某些数学和物理公式中非常有用。

实例：

import math

计算某个圆的周长

radius = 4

circumference = math. tau * radius

print("圆的周长:" , circumference)

这些常数在 Python 的 math 模块中都是只读的，它们的值不能修改。在进行数学和科学计算时这些常数非常有用，可以帮助人们更准确地表示和处理数学常量。

二、算术函数

1. factorial( )

算术函数中的阶乘(factorial) 是一个非常重要的概念，它表示所有小于或等于该数的正整数的乘积。阶乘通常表示为 n!，其中 n 是一个非负整数。

阶乘的定义如下：

0! = 1

n! = n×（n-1）×（n-2）×…×3×2×1，对于所有 n > 0

例如：

5! = 5×4×3×2×1 = 120

在 Python 中，计算阶乘的一个简单方法是使用递归或循环。下面是一个使用循环计算阶乘的 Python 函数示例：

```python
def factorial(n):
    if n == 0:
        return 1
    result = 1
    for i in range(1, n+1):
        result *= i
    return result
```

```python
# 测试函数
print(factorial(5))    # 输出：120
```

这个函数首先检查 n 是否为 0，因为 0 的阶乘定义为 1。然后，它初始化一个结果变量为 1，并通过一个循环计算 n 的阶乘。在每次迭代中，它将当前的 i 值乘以结果变量，并将乘积存回结果变量中。循环完成后，函数返回结果变量的值，即 n 的阶乘。

2. ceil( )

ceil( ) 函数是一个算术函数，用于返回大于或等于给定数字的最小整数。换句话说，它将一个浮点数向上取整到最接近的整数。这个函数在多种编程语言中都有实现，包括 Python、C、C++、Java 等。

在 Python 中，ceil( ) 函数是 math 模块的一部分，因此在使用之前需要先导入 math 模块。下面是一个使用 ceil( ) 函数的例子：

```
import math
```

```
# 使用 ceil( )函数
print( math. ceil(4. 2) )   # 输出：5
print( math. ceil(-3. 7) ) # 输出：-3
```

在这个例子中，math. ceil(4. 2)返回 5，因为 5 是大于 4. 2 的最小整数。同样地，math. ceil(-3. 7)返回-3，因为-3 是大于-3. 7 的最小整数(注意，在负数的情况下，向上取整实际是向数轴的正方向移动，因此结果仍然是更小的那个整数)。

3. floor( )

floor( )函数是另一个算术函数，用于返回小于或等于给定数字的最大整数。换句话说，它将一个浮点数向下取整到最接近的整数。这个函数同样在多种编程语言中都有实现，包括 Python、C、C++、Java 等。

在 Python 中，floor( ) 函数也是 math 模块的一部分，因此在使用之前需要先导入 math 模块。下面是一个使用 floor( )函数的例子：

```
import math
```

```
# 使用 floor( )函数
print( math. floor(4. 7) )   # 输出：4
print( math. floor(-3. 2) ) # 输出：-4
```

在这个例子中，math. floor(4. 7)返回 4，因为 4 是小于 4. 7 的最大整数。同样地，math. floor(-3. 2)返回-4，因为-4 是小于-3. 2 的最大整数(注意，在负数的情况下，向下取整实际是向数轴的负方向移动，因此结果是更大的那个整数，但仍然是负数)。

4. trunc( )

trunc( )函数是一个在许多编程语言和数据库查询语言中广泛使用的数学函

数，它的作用是截取数字的整数部分，即去掉数字的小数部分，只保留整数部分。

在不同的环境中，trunc( ) 函数的具体使用方式可能略有不同，但基本的功能是一致的。以下是一些典型的使用场景。

（1）SQL 中的 TRUNC( )

在 SQL(结构化查询语言)中，TRUNC( ) 函数用于截取日期或数字的整数部分。对于数字，它去掉小数部分；对于日期，它可以去掉时间部分，只保留日期。

SELECT TRUNC(123. 456)；　　--结果为 123

SELECT TRUNC(SYSDATE)；　　--结果为当前日期，没有时间部分

（2）Python 中的 math. floor( ) 和 int( )

Python 中没有直接名为 trunc( ) 的函数，但可以使用 math. floor( ) 或 int( ) 来实现类似的功能。math. floor( ) 函数返回小于或等于给定浮点数的最大整数，而 int( ) 函数直接将浮点数转换为整数，去掉小数部分。

import math

print(math. floor(123. 456))　　# 结果为 123

print(int(123. 456))　　　　　　# 结果为 123

（3）其他编程语言

许多编程语言提供了类似 trunc( ) 的函数或方法，用于截取数字的整数部分。例如，在 C 或 C++ 中，可以使用 (int)number 的方式来实现。

总的来说，trunc( ) 函数或类似功能在不同编程和查询语言中都有实现，是处理数字时常用的工具之一。

5. isclose( )

isclose( )函数不是一个传统的算术函数，而是一个在许多编程语言中用于判断两个浮点数是否接近(即它们的差的绝对值是否小于某个给定的阈值)的函数。这个函数特别有用，因为在计算机中，浮点数的表示和计算可能引入微小的误差，使两个本应相等的浮点数实际上有微小的差异。

在 Python 中，isclose( ) 函数是 math 模块的一部分，可以用来判断两个浮点数是否足够接近。

import math

print(math. isclose(1. 0001, 1. 0002))　# False，因为它们的差异大于默认的容忍度

print(math. isclose(1. 0001, 1. 0002, rel_tol＝1e-4))　# True，因为它们的相对差异小于 1e-4

在这个例子中，rel_tol 参数指定了相对容忍度，即两个数之间的相对差异必须小于这个值才能被认为是接近的。在其他编程语言中，可能没有内置的 isclose() 函数，但人们可以很容易实现一个类似的函数，通过比较两个数的差的绝对值是否小于一个给定的阈值来判断它们是否接近。

三、幂函数

在 Python 中，幂函数是用于计算一个数的幂(即该数自乘若干次)的函数或运算符。以下是关于 Python 幂函数的详细介绍。

1. 使用 ** 运算符

** 是 Python 中的幂运算符，用于计算左侧操作数的幂，以右侧操作数作为指数。

计算 2 的 3 次幂
result＝2 ** 3
print(result)　# 输出 8

计算 5 的 -2 次幂(即 1/5^2)
result＝5 ** -2
print(result)　# 输出 0. 04

2. 使用 pow() 函数

pow()是 Python 中的内置函数，用于计算幂。它接受两个参数：底数和指数，并返回底数的指数次幂。

```
# 计算 2 的 3 次幂
result = pow(2, 3)
print(result)　# 输出 8
```

```
# 计算 2 的 3 次幂, 然后对 5 取模
result = pow(2, 3, 5)
print(result)　# 输出 3, 因为 2 ** 3 = 8, 8 % 5 = 3
```

pow( ) 函数还有一个可选的第三个参数, 用于指定模数。如果提供了模数, 函数将返回幂对模数的余数。

3. 使用 math. pow( ) 函数

math. pow( ) 是 Python 标准库 math 模块中的函数, 用于计算幂。与 ** 运算符和 pow( ) 函数不同, math. pow( ) 总是返回一个浮点数。

```
import math
```

```
# 计算 2 的 3 次幂
result = math. pow(2, 3)
print(result)　# 输出 8.0, 注意这是一个浮点数
```

4. 注意事项

当使用 ** 运算符或 pow( ) 函数时, 如果底数和指数都是整数, 并且指数是正数, 那么结果也是一个整数。不然, 结果可能是一个浮点数。

math. pow( ) 函数总是返回一个浮点数, 即使底数和指数都是整数。

在处理浮点数时, 由于计算机表示浮点数的方式, 可能遇到精度问题。因此, 在比较浮点数时, 应该使用适当的容差来判断它们是否相等或接近相等。

四、其他重要的 math 模块功能

math. gcd( ): 计算两个数字的最大公约数;

math. fsum( ): 在不使用循环的情况下找到可迭代值的总和;

math. sqrt( )：求任何正实数(整数或小数)的平方根；

math. radians( )：返回度数输入的弧度值；

math. degrees( )：将弧度转换为度数；

math. sin( )、math. cos( )、math. tan( )：计算正弦、余弦、正切。

第二节　Python 的 statistics 模块中的常用数学函数

在 Python 的标准库中，statistics 模块提供了一系列用于基本统计计算的函数。这些函数对处理和分析数值数据非常有用，可以帮助我们计算中心趋势(如平均值和中位数) 以及离散程度(如方差和标准偏差) 等统计量。以下是对 statistics 模块中常用函数的详细描述。

一、statistics. mean(data)

描述：计算数据集的算术平均值(平均数)。

参数：data 是一个可迭代对象，包含数值型数据。

返回：数据集的平均值，即所有数值之和除以数值的个数。

示例：

```
import statistics
data = [2. 75, 1. 75, 1. 25, 0. 25, 0. 5, 1. 25, 3. 5]
result = statistics. mean( data)
print( result)    # 输出：1. 6428571428571428
```

二、statistics. median(data)

描述：计算数据集的中位数。

参数：data 是一个可迭代对象，包含数值型数据。

返回：数据集排序后位于中间的数。如果数据集有偶数个元素，则返回中间两个数的平均值。

示例：

```
data = [1, 3, 5, 7]
result = statistics. median( data)
```

print(result)　# 输出：4

三、statistics. mode(data)

描述：返回数据集中出现次数最多的值(众数)。

参数：data 是一个可迭代对象，包含可哈希的(即可作为字典键的)数值型数据。

返回：数据集中出现次数最多的元素。如果数据集为空或没有唯一的众数，则可能抛出 StatisticsError 异常(在 Python 3. 8 之前的版本中)或返回任意一个众数(在 Python 3. 8 及之后的版本中)。

示例：

data=[1, 1, 2, 3, 3, 3, 4, 4]

result=statistics. mode(data)

print(result)　# 输出：3

四、statistics. variance(data, xbar=None)

描述：计算数据集的方差。

参数：data 是一个可迭代对象，包含数值型数据。xbar 是一个可选参数，表示数据集的平均值，如果提供，将使用该值来计算方差以优化计算过程。

返回：数据集中各数值与平均值之差的平方平均值。

示例：

data=[4, 6, 9, 13, 18]

result=statistics. variance(data)

print(result)　# 输出方差值

五、statistics. stdev(data, xbar=None)

描述：计算数据集的标准偏差(方差的平方根)。

参数：与 variance()函数相同。

返回：数据集的标准偏差，即方差的非负平方根。

示例：

data=[2. 1, 2. 5, 3. 6, 4. 0]

result = statistics. stdev(data)

print(result)　# 输出标准偏差值

六、statistics. pvariance (data，mu = None) 和 statistics. pstdev (data，mu = None)

描述：计算数据集的总体方差和总体标准偏差。与样本方差和样本标准偏差不同，总体方差和总体标准偏差假设数据集代表了整个总体。

参数：data 是一个可迭代对象，包含数值型数据。mu 是一个可选参数，表示数据集的总体均值。

返回：总体方差和总体标准偏差。

示例：

data = [2. 1, 2. 5, 3. 6, 4. 0]

pvar = statistics. pvariance(data)

pstdev = statistics. pstdev(data)

print(pvar)　# 输出总体方差值

print(pstdev)　# 输出总体标准偏差值

七、statistics. quantiles(data，＊，n = 4，method = 'exclusive')

描述：计算数据集的分位数。

参数：data 是一个可迭代对象，包含数值型数据。n 是一个整数，指定要计算的分位数的数量和精度，默认为 4，即计算四分位数。method 是一个字符串，指定计算分位数的方法，可以是 'inclusive' 或 'exclusive'，默认为 'exclusive'。'inclusive' 方法将数据集划分为 n 个等长(尽可能)的部分，每个部分至少包含一个数据点，并返回每个部分的最大值作为分位数。'exclusive' 方法类似，但会尝试使每个部分包含相同数量的数据点。

返回：一个包含分位数的列表。

示例：

data = [1, 3, 5, 7, 9]

quartiles = statistics. quantiles(data)

print(quartiles)　# 输出类似：[1. 0, 3. 0, 7. 0, 9. 0](具体值可能因实现而异)

　　注意：statistics. quantiles( )函数在 Python 3. 8 版本中被引入，并且 method 参数在后续版本中可能有所变化或扩展。

　　使用 statistics 模块时，请确保 Python 版本支持所需的函数和参数。这些函数为数据分析提供了基础工具，但它们通常仅适用于一维数据集。对于更复杂的数据分析任务，可能需要使用更强大的库，如 NumPy 或 Pandas。

第四章　Python 科学计算

Python 在科学计算领域中的应用非常广泛，主要得益于其丰富而强大的第三方库。这些库提供了高效的数据结构和算法，使 Python 成为处理大规模数据、执行复杂数学运算和进行统计分析的理想选择。以下是 Python 在科学计算中的一些主要应用及其相关库的详细介绍。

第一节　NumPy

NumPy（Numerical Python 的简称）是 Python 科学计算的基础库。它提供了多维数组对象 ndarray（n-dimensional array），以及各种派生对象，如 masked arrays 和 matrices。NumPy 的数组对象支持大量的高级数学函数，能够进行元素级计算、线性代数运算、统计运算等。此外，NumPy 还提供了用于读写磁盘上数组数据的工具，以及用于将 C/C++和 Fortran 代码集成到 Python 的工具。

一、主要特点

多维数组对象：NumPy 最重要的特性是其 n 维数组对象 ndarray，它是一个快速、灵活的大型数据容器。

性能：NumPy 的数组操作在 C 语言级别上进行了优化，因此执行速度非常快。这对于处理大型数据集和执行计算密集型任务非常重要。

功能：NumPy 提供了大量的数学函数来操作数组，包括统计、线性代数、随机数生成等。

广播功能：NumPy 的广播功能允许在不同形状的数组之间执行数学运算，而无须显式地重塑或复制数组。

集成性：NumPy 很容易与 Python 的其他科学计算库（如 SciPy、Pandas）集成，形成强大的数据处理和分析工具链。

二、主要性能

NumPy 的性能在科学计算和数据分析领域中被广泛认可，主要得益于其以下几个方面的优化。

（1）多维数组　NumPy 提供的 ndarray 是一个多维数组对象，与 Python 原生的列表相比，ndarray 在存储数据时更加紧凑和高效。因为 ndarray 中的所有元素类型都相同，而 Python 列表中的元素类型可以是任意的。所以，ndarray 在存储元素时内存可以连续，从而提高了数据访问和处理的速度。

（2）底层实现　NumPy 的大部分代码是用 C 语言编写的，这使其在执行计算密集型任务时比纯 Python 代码更加高效。NumPy 利用了 C 语言的优势，如直接内存访问和高效的循环，从而实现了高性能的数组操作。

（3）并行计算　NumPy 支持并行计算，能够充分利用多核 CPU 的计算能力。当系统有多个核心时，NumPy 可以自动进行并行计算，从而进一步提高计算性能。

（4）优化算法　NumPy 针对常见的数学运算和统计计算提供了大量优化算法。这些算法经过精心设计和优化，能够在处理大规模数据时保持高效的性能。

（5）缓存和内存管理　NumPy 通过精心设计的内存管理机制，有效地减少了数据复制和内存碎片化，因此它在处理大型数据集时能够保持稳定的性能。

总的来说，NumPy 的性能在科学计算领域中被认为是非常优秀的。它能够高效地处理大规模数据集，执行复杂的数学运算和统计分析，是 Python 科学计算生态系统中的核心库之一。

三、主要组件和功能

1. ndarray 对象

ndarray 是 NumPy 库中的一个核心类，它代表了 n 维数组对象。ndarray 是用于存储同类型元素的多维容器，每个元素在内存中占用相同大小的区域。以下是 ndarray 对象的一些关键特性和属性。

（1）关键特性

多维性：ndarray 可以是一维、二维、三维或更高维度的数组。

同质性：数组中的所有元素都必须是相同的数据类型（如 int，float，complex 等）。

内存效率：ndarray 对象在内存中连续存储，这使得数据访问和操作非常高效。

可变性：与 Python 的原生列表相似，ndarray 中的元素可以被修改。

（2）主要属性

shape：一个表示数组各维度大小的元组。例如，对于一个二维数组，shape 会返回（rows，columns）。

dtype：描述数组中元素数据类型的对象。例如，dtype（'int32'）表示数组中的元素是 32 位整数。

ndim：数组的维度数。例如，一维数组的 ndim 为 1，二维数组的 ndim 为 2。

size：数组中元素的总数。这等于 shape 中各维度大小的乘积。

itemsize：数组中每个元素占用的字节数。

data：指向数组数据（存储在内存或内存映射文件中的一块数据）的指针。

（3）操作

ndarray 对象支持多种操作，包括索引、切片、重塑、广播及大量的数学和统计函数。这些操作使得 ndarray 在科学计算、数据分析和机器学习等领域中非常有用。

示例：创建一个简单的 ndarray 对象

```
import numpy as np


# 创建一个一维数组
a=np.array([1, 2, 3, 4, 5])
print(a)  # 输出：[1 2 3 4 5]


# 创建一个二维数组
b=np.array([[1, 2, 3], [4, 5, 6], [7, 8, 9]])
print(b)
```

```
# 输出：
# [[1 2 3]
#  [4 5 6]
#  [7 8 9]]
# 访问属性
```

print(b. shape)　# 输出：(3, 3)

print(b. dtype)　# 输出：int64（或相应的数据类型）

在这个例子中，a 是一个一维数组，而 b 是一个 3×3 的二维数组。通过 NumPy 提供的函数和方法，可以轻松地对这些数组进行各种操作和分析。

2. 数据类型

NumPy 支持的数据类型比 Python 内置的类型要多，并且基本上可以和 C 语言的数据类型相对应，其中部分类型对应为 Python 内置的类型。NumPy 数据类型是 dtype 对象的实例，每种类型都有一个唯一的字符来表示。

NumPy 的数值类型主要包括：

布尔类型："bool_,"存储值为 True 或 False。

整数类型："int8/int16/int32/int64"是有符号整数类型，"uint8/uint16/uint32/uint64"是无符号整数类型。后面的数字表示存储数据所需的位数，决定了可以表示的整数范围。

浮点类型："float16/float32/float64/float128"表示单精度、双精度等不同精度的浮点数。"float64"是默认的浮点数类型。

复数类型："complex64/complex128/complex256"表示不同精度的复数。

此外，NumPy 还支持其他数据类型，如字符串类型 [str_或 <U（unicode）类型]、时间日期类型(datetime64)、时间差类型(timedelta64)等。这些类型在特定的应用场景中非常有用。

在处理图像时，NumPy 的 dtype 属性对图片的读取、计算、保存和显示都有影响。通常，图像处理库(如 OpenCV)读取的一般图像数据类型是 uint8。

3. 数组操作

NumPy 数组，即 ndarray，是 NumPy 库的核心数据结构，用于在 Python 中表示和处理多维、同质的数值数据。以下是 NumPy 数组的一些关键特性和用法。

（1）特性

多维性：NumPy 数组可以是一维、二维、三维或更高维度的。每个维度都有一个大小，这些大小共同定义了数组的形状（shape）。

同质性：数组中的所有元素都必须是相同的数据类型（dtype），如 int、float、complex 等。这种同质性有助于内存管理和计算效率。

连续存储：ndarray 对象在内存中连续存储其元素，这使得数据访问速度非常快，尤其是在进行大规模数学和统计运算时。

可变性：数组中的元素可以被修改，除非数组是以只读方式创建的。

动态数组大小：虽然 NumPy 数组的大小在创建时是固定的，但是可以通过切片、索引和其他操作来创建新的视图或副本，这些视图或副本可以有不同的大小或形状。

（2）创建数组

可以使用"numpy. array（）"函数从 Python 列表、元组或其他序列类型创建 NumPy 数组。例如：

```
import numpy as np

# 从 Python 列表创建一维数组
a＝np. array（[1, 2, 3]）

# 从嵌套列表创建二维数组
b＝np. array（[[1, 2, 3], [4, 5, 6]]）
```

（3）数组属性

shape：数组的维度，返回一个表示各维度大小的元组。

dtype：数组元素的数据类型。

ndim：数组的维数，即 len（shape）。

size：数组中元素的总数，即 shape 中所有维度的乘积。

itemsize：数组中每个元素占用的字节大小。

nbytes：数组中所有元素占用的总字节数，即 size 与 itemsize 的乘积。

（4）数组操作

NumPy 数组支持多种操作，包括索引、切片、重塑、广播及大量的数学和统计函数。这些操作使 ndarray 在科学计算、数据分析和机器学习等领域中非常有用。

示例：

```
import numpy as np

# 创建一个一维数组
a＝np. array（[1, 2, 3, 4, 5]）
print（a）  # 输出：[1 2 3 4 5]

# 创建一个二维数组
b＝np. array（[[1, 2, 3], [4, 5, 6], [7, 8, 9]]）
print（b）
# 输出：
# [[1 2 3]
#  [4 5 6]
#  [7 8 9]]

# 访问数组属性
print（a. shape）  # 输出：(5,)
print（b. shape）  # 输出：(3, 3)
print（b. dtype）  # 输出：int64（或相应的数据类型）

# 数组索引和切片
print（b[0, 2]）  # 输出：3（第一行第三列的元素）
print（b[1: 3, :]）  # 输出：[[4 5 6] [7 8 9]]（第二行到第三行所有列）

# 数组重塑
c＝b. reshape（(9,)）  # 将二维数组重塑为一维数组
```

print(c)　# 输出：[1 2 3 4 5 6 7 8 9]

# 数组运算
d=np. array([1, 2, 3])
e=np. array([4, 5, 6])
f=d+e　# 元素级加法
print(f)　# 输出：[5 7 9]

NumPy 的 ndarray 对象提供了丰富的方法和函数，可以高效地处理大规模数据，并且与 C/C++和 Fortran 等语言编写的库有很好的兼容性。这使得 NumPy 成为科学计算、数据分析、机器学习等领域中广泛使用的工具。

4. 随机数生成

NumPy 库提供了多种随机数生成的功能，这些功能都集中在"numpy. random"模块中。以下是该模块中一些常用的随机数生成函数及其用法。

（1）生成均匀分布的随机数

numpy. random. rand(d_0, d_1, …, d_n)：生成[0, 1)区间内的浮点数，形状由参数定义。

numpy. random. uniform(low = 0. 0, high = 1. 0, size = None)：生成指定区间[low, high)内的浮点数，size 参数定义输出的形状。

numpy. random. randint(low, high = None, size = None, dtype = 'l')：生成指定区间[low, high)内的随机整数，size 定义输出的形状，dtype 指定数据类型。

numpy. random. random_integers(low, high = None, size = None)：类似于 randint，但在高版本中已被弃用，建议使用 randint。

（2）生成正态(高斯)分布的随机数

numpy. random. randn(d_0, d_1, …, d_n)：生成标准正态分布(均值为 0，标准差为 1)的随机数，形状由参数定义。

numpy. random. normal(loc = 0. 0, scale = 1. 0, size = None)：生成指定均值 loc 和标准差 scale 的正态分布的随机数。

（3）设置随机数种子

numpy. random. seed(seed = None)：设置随机数生成器的种子，以确保每次运行代码时生成的随机数序列相同。

示例：

```
import numpy as np

# 设置随机数种子
np.random.seed(42)

# 生成一个形状为(3, 2)的 0 到 1 之间的随机浮点数数组
print(np.random.rand(3, 2))

# 生成 5 个[10, 20)区间的随机整数
print(np.random.randint(10, 20, size=5))

# 生成一个形状为(2, 3)的标准正态分布随机数数组
print(np.random.randn(2, 3))

# 生成 5 个均值为 0, 标准差为 0.5 的正态分布随机数
print(np.random.normal(0, 0.5, 5))
```

注意：在 NumPy 的更新过程中，一些函数可能被弃用或替换，因此建议查阅最新的 NumPy 文档以获取最准确的信息。

5. 线性代数

NumPy 提供了用于线性代数的函数，这些函数都在"numpy.linalg"模块中。NumPy 的 linalg 模块提供了线性代数运算的功能，如矩阵乘法、特征值和特征向量计算、矩阵分解等。以下是该模块中一些常用的线性代数函数及其用法。

(1)矩阵和向量积

numpy.dot(a, b)：计算两个数组的点积。如果两个数组都是一维的，那么它就是内积。对于一个二维数组(即矩阵)和一个一维数组，它执行矩阵-向量乘法。对于两个二维数组，它执行矩阵乘法。

numpy.vdot(a, b)：计算两个向量的点积，但首先确保它们有复杂的共轭。

numpy. inner(a, b)：计算两个数组的内积。

numpy. outer(a, b)：计算两个向量的外积。

numpy. matmul(a, b)：执行矩阵乘法。对于二维数组，它等价于"numpy. dot ()"。

@ 运算符：自 Python 3.5 起，可以使用 @ 运算符作为"numpy. matmul()"的简写。

(2)矩阵特征值和特征向量

numpy. linalg. eig(a)：计算方阵的特征值和特征向量。

numpy. linalg. eigh(a)：计算 Hermitian 或实对称矩阵的特征值和特征向量。

numpy. linalg. eigvals(a)：计算方阵的特征值。

numpy. linalg. eigvalsh(a)：计算 Hermitian 或实对称矩阵的特征值。

(3)矩阵分解

numpy. linalg. svd(a)：计算矩阵的奇异值分解。

numpy. linalg. cholesky(a)：计算矩阵的 Cholesky 分解，要求矩阵是正定的。

numpy. linalg. qr(a)：计算矩阵的 QR 分解。

numpy. linalg. lu(a)：计算矩阵的 LU 分解(如果需要，可以通过置换矩阵进行)。

(4)矩阵的范数和条件数

numpy. linalg. norm(x, ord＝None, axis＝None)：计算矩阵或向量的范数。

numpy. linalg. cond(x, p＝None)：计算矩阵的条件数。

numpy. linalg. det(a)：计算方阵的行列式。

numpy. linalg. matrix_rank(M, tol＝None)：使用奇异值分解来计算矩阵的秩。

numpy. linalg. inv(a)：计算方阵的逆。

numpy. linalg. pinv(a)：计算矩阵的伪逆(Moore-Penrose 逆)。

numpy. linalg. solve(a, b)：解线性方程组 $ax=b$，其中 a 是一个方阵。

numpy. linalg. lstsq(a, b)：计算线性最小二乘问题的解。

(5)矩阵的属性

numpy. linalg. isfinite(a)：检查矩阵中的所有元素是否都是有限的。

示例：

import numpy as np

```
# 创建两个矩阵
A = np. array([[1, 2], [3, 4]])
B = np. array([[5, 6], [7, 8]])


# 矩阵乘法
print(np. dot(A, B))
# 使用@运算符
print(A @ B)


# 计算 A 的特征值和特征向量
eigenvalues, eigenvectors = np. linalg. eig(A)
print("Eigenvalues:", eigenvalues)
print("Eigenvectors:", eigenvectors)


# 奇异值分解
U, S, Vt = np. linalg. svd(A)
print("U:", U)
print("S:", S)
print("Vt:", Vt)


# 解线性方程组 Ax = b
A = np. array([[3, 2], [1, 0]])
b = np. array([3, 4])
x = np. linalg. solve(A, b)
print("Solution:", x)
```

请注意，NumPy 的线性代数函数通常期望输入是浮点数数组，并且矩阵应该是二维的[尽管一些函数，如"numpy. dot()"，可以处理一维数组作为特殊情况]。此外，一些函数(如特征值计算)要求输入矩阵是方阵。在使用这些函数时，请确保输入满足这些要求。

6. 傅里叶变换

NumPy 中的傅里叶变换是一种数学工具，用于将信号从时域(或空域)转换到频域，并反之亦然。这种变换在信号处理、图像处理、量子物理、通信系统等领域中非常有用。以下是 NumPy 中傅里叶变换的详细介绍。

(1)傅里叶变换基础

傅里叶变换的基本思想是将一个复杂的信号分解为一系列简单的正弦波和余弦波。这些波具有不同的频率、振幅和相位。通过将这些波重新组合，可以重建原始信号。

在计算机中，通常处理的是离散傅里叶变换(discrete fourier transform, DFT)，因为计算机中的数据是离散的。快速傅里叶变换(fast fourier transform, FFT)是一种高效的算法，用于计算 DFT 及其逆变换。

(2)NumPy 中的傅里叶变换函数

NumPy 的 fft 模块提供了一系列函数，用于计算一维、二维和多维数组的傅里叶变换。

numpy. fft. fft(a, n＝None, axis＝−1, norm＝None)：计算一维数组的离散傅里叶变换。输入数组 a 可以是实数或复数。参数 n 指定输出数组的长度(如果 n 大于输入数组的长度，则输入数组将被零填充；如果 n 小于输入数组的长度，则输入数组将被截断)。axis 指定要变换的轴，norm 指定是否进行归一化。

numpy. fft. ifft(a, n＝None, axis＝−1, norm＝None)：计算一维数组的离散傅里叶逆变换。

numpy. fft. fft2(a, s＝None, axes＝(−2, −1), norm＝None)：计算二维数组的离散傅里叶变换。参数 s 和 axes 与 numpy. fft. fft()中的相应参数类似。

numpy. fft. ifft2(a, s＝None, axes＝(−2, −1), norm＝None)：计算二维数组的离散傅里叶逆变换。

numpy. fft. fftn(a, s＝None, axes＝None, norm＝None)：计算 n 维数组的离散傅里叶变换。

numpy. fft. ifftn(a, s＝None, axes＝None, norm＝None)：计算 n 维数组的离散

傅里叶逆变换。

numpy. fft. fftfreq(n, d = 1. 0)：返回长度为 n 的一维数组，表示在傅里叶变换中使用的频率。参数 d 是采样间隔。

numpy. fft. shift(x, axes = None)：将傅里叶变换的零频率分量移动到频谱的中央。这对于可视化傅里叶变换结果非常有用。

(3)傅里叶变换的结果

傅里叶变换的结果是一个复数数组，包含了每个频率成分的振幅和相位信息。在许多应用中，可能只对振幅谱或功率谱感兴趣。振幅谱可以通过取复数的绝对值来得到，而功率谱可以通过取复数的平方来得到。

(4)注意事项

在进行傅里叶变换之前，确保信号已经被正确地采样，并且采样率满足奈奎斯特采样定理，以避免混叠现象。

傅里叶变换是一种线性变换，因此它不会改变信号中的噪声。在进行傅里叶变换之前，可能需要对信号进行滤波或其他预处理步骤以减少噪声。

在解释傅里叶变换的结果时，要注意频率分辨率和频率泄露等问题。

NumPy 提供了强大的傅里叶变换功能，可以用于各种科学和工程应用。通过了解傅里叶变换的基本原理和 NumPy 中的相关函数，可以更好地利用这些工具进行信号处理和数据分析。

NumPy 是科学计算、数据分析、机器学习、深度学习等领域的基础库。它被广泛用于处理大型数据集、执行复杂的数学运算和统计分析，以及作为构建更高级别的科学计算库的基础。例如，SciPy、Pandas、Scikit-learn 等库都建立在NumPy 上，NumPy 提供这些库所需的核心数据结构和算法。

第二节　SciPy

SciPy(Scientific Python 的简称)基于 NumPy，提供了一系列用于解决科学计算中常见问题的工具。SciPy 包含了多个子模块，如线性代数(linalg)、积分(integrate)、插值(interpolate)、优化(optimize)、信号处理(signal)、统计(stats)等。这些子模块提供了大量高级函数，能够解决各种复杂的科学计算问题。

一、SciPy 的优点

SciPy 是 Python 中一个非常强大的科学计算库，它具有许多优点，且在科学计算、数据分析、机器学习等领域得到了广泛的应用。以下是一些 SciPy 的主要优点。

提供丰富的数学函数和算法：SciPy 包含了大量的数学函数和算法，包括线性代数、数值积分、优化、插值、特殊函数等。这些函数和算法都是经过优化和测试的，可以直接用于解决各种科学计算问题。

高效且易于使用：SciPy 的函数和算法都是基于 NumPy 数组进行操作的，因此它们的执行效率非常高。同时，SciPy 的 API 设计得非常简洁，用户只需要了解基本的 Python 语法和数学概念，就可以轻松地使用 SciPy 进行科学计算。

可扩展性强：SciPy 是基于 NumPy 库构建的，因此它可以很好地与 NumPy 库进行集成，同时也可以与其他 Python 库进行扩展和互联。用户可以通过自定义函数或者扩展模块来增强 SciPy 的功能。

拥有广泛的社区支持：SciPy 是一个开源项目，它拥有广泛的社区支持和开发者贡献。这意味着用户可以获得及时的帮助和支持，同时也可以参与 SciPy 的开发和改进。

适用于多种应用场景：SciPy 的函数和算法适用于多种应用场景，包括信号处理、图像处理、机器学习、统计分析等。用户可以使用 SciPy 来解决各种实际问题，提高工作效率和准确性。

SciPy 是一个功能强大、高效易用、可扩展性强、拥有广泛社区支持的 Python 科学计算库，是科学计算、数据分析、机器学习等领域的重要工具之一。

二、SciPy 的应用领域

SciPy 是一个用于科学计算和数据分析的 Python 库，主要用于数学、科学和工程算法，它提供了大量的函数和方法，支持各种基本的、高级的操作，其应用非常广泛。以下是一些 SciPy 的主要应用。

数值计算和优化：SciPy 提供了多种数值计算和优化算法，包括线性代数运算、数值积分和微分、常微分方程求解等。这些算法可以用于解决各种数学和科学问题，如求解方程组、寻找函数的最小值或最大值等。

信号处理：SciPy 提供了一系列信号处理工具，如傅里叶变换、滤波器设计、卷积等。这些工具可以用于信号分析和处理，如在音频、图像和视频处理中去除噪声、提取特征等。

统计分析：SciPy 包含了各种统计工具和函数，如假设检验、方差分析、回归分析等。这些工具可以帮助用户进行数据分析和建模，从而得出科学的结论和预测。

插值和拟合：SciPy 提供了多种插值和拟合算法，如线性插值、多项式插值、样条插值等。这些算法可以用于数据平滑、曲线拟合等任务，从而得到更加准确和可靠的结果。

除此之外，SciPy 还广泛应用于机器学习、数据挖掘、物理模拟、金融建模等领域。总之，SciPy 是一个功能强大、应用广泛的 Python 科学计算库，为科学家、工程师和数据分析师提供了丰富的工具和函数，帮助他们更加高效地进行科学计算和数据分析。

请注意，以上只是 SciPy 的一些常见应用，实际上，由于其功能的丰富性，SciPy 在许多其他领域也有广泛的应用。

三、SciPy 应用示例

SciPy 应用示例非常广泛，涵盖了从基础数学运算到复杂科学计算的各个方面。以下是一些具体的应用示例。

1. 数值积分

使用 SciPy 的积分函数计算定积分、复合积分等。例如，可以计算一个函数在某个区间上的积分值。这在物理、工程和经济学中非常有用，用于计算面积、体积、功、能等。

```
from scipy. integrate import quad

# 定义被积函数
def f( x) :
    return x ** 2
```

```
# 计算定积分
integral_value, error = quad(f, 0, 1)
print(integral_value)    # 输出积分结果
```

2. 线性代数

SciPy 提供了线性代数模块，可以求解线性方程组、计算矩阵的逆和特征值等。这在机器学习、图像处理和计算机图形学等领域中很有用。

```
from scipy. linalg import inv, eig
import numpy as np


# 定义一个矩阵
A = np. array([[1, 2], [3, 4]])


# 计算矩阵的逆
A_inv = inv(A)
print(A_inv)


# 计算矩阵的特征值和特征向量
eigenvalues, eigenvectors = eig(A)
print(eigenvalues)
print(eigenvectors)
```

3. 信号处理

使用 SciPy 的信号处理模块对信号进行滤波、卷积、傅里叶变换等操作。这在音频处理、通信系统和控制系统等领域中非常常见。

```
from scipy. fft import fft
import numpy as np


# 创建一个简单的信号
t = np. linspace(0, 0.5, 500)
```

```
s = np. sin(40 * 2 * np. pi * t)
```

```
# 计算信号的傅里叶变换
f = fft(s)
```

```
# 可以进一步对 f 进行分析或处理
```

4. 优化问题

SciPy 的优化模块可以求解各种优化问题，如最小化函数、约束优化和非线性最小二乘问题等。这在机器学习、数据拟合与工程设计中很有用。

```
from scipy. optimize import minimize
```

```
# 定义要最小化的函数
def f(x):
    return x ** 2+2 * x − 5
```

```
# 求解最小化问题
result = minimize(f, x0 = 1)
print(result. x)    # 输出最小化问题的解
```

5. 拟合和插值

使用 SciPy 的拟合和插值函数对数据点进行拟合或插值，以估计未知点的值或理解数据的趋势。

```
from scipy. interpolate import interp1d
import numpy as np
```

```
# 创建一些数据点
x = np. linspace(0, 10, num = 11, endpoint = True)
y = np. cos(-x ** 2/9. 0)
```

```
# 创建一个插值函数
f=interp1d(x, y)
```

```
# 使用插值函数估计新点的值
xnew=np. linspace(0, 10, num=41, endpoint=True)
ynew=f(xnew)
```

```
# ynew 现在包含了 xnew 中每个点的插值结果
```

这些示例只是 SciPy 功能的冰山一角。由于其强大的功能和广泛的应用领域，SciPy 已成为科学计算领域中不可或缺的工具之一。

第三节　Pandas

Pandas 是一个强大的数据分析和处理库。它提供了 DataFrame 和 Series 两种数据结构，使数据的加载、处理、分析和可视化变得更加容易。Pandas 支持从各种数据源加载数据，如 CSV、Excel、SQL 等。它还提供了丰富的数据处理函数，如数据清洗、数据转换、数据重塑、缺失值处理等。此外，Pandas 还集成了 Matplotlib 等可视化库，方便进行数据可视化。

一、Pandas 的主要特点

Pandas 是一个开源的 Python 数据分析库，它以 NumPy 为基础，提供了高性能、易于使用的数据结构和数据分析工具。以下是 Pandas 的主要特点。

数据结构：Pandas 提供了 Series(一维数组)和 DataFrame(二维表格型数据结构)两种主要的数据结构。这些数据结构使数据的处理、清洗和分析变得简单直观。

数据操作：Pandas 具有丰富的数据操作功能，可以对数据进行索引、切片、筛选、排序、分组、聚合等操作。它还支持数据的缺失值处理、数据重塑和数据合并等功能。

时间序列处理：Pandas 内置了对时间序列数据的支持，可以方便进行时间序列的解析、转换、重采样、频率转换等操作。

数据导入导出：Pandas 支持多种数据格式的导入导出，如 CSV、Excel、SQL 数据库、JSON 等。这使数据的加载和存储变得方便快捷。

性能优化：Pandas 底层使用 NumPy 和 Cython 等库进行优化，提供了高性能的数据处理能力。这使得在处理大规模数据集时，Pandas 能够保持较高的执行效率。

集成其他库：Pandas 与 NumPy、Matplotlib 等库无缝集成，可以方便进行数值计算和数据可视化。此外，Pandas 还可以与其他数据分析库（如 SciPy、Statsmodels 等）结合使用，以扩展其功能。

灵活性：Pandas 提供了丰富的函数和方法，用户可以根据需要自定义数据处理和分析流程。同时，Pandas 也支持链式操作，可以将多个操作连接起来一次性执行，提高代码的可读性和执行效率。

综上所述，Pandas 以强大的数据结构和丰富的数据操作功能，成为数据科学、机器学习、统计学、金融分析等领域中常用的数据分析工具之一。

二、Pandas 的应用场景

Pandas 是一个功能强大的 Python 库，专门用于数据处理和分析。它在多个领域有广泛的应用，以下是一些具体的应用场景。

金融分析：Pandas 可以处理和分析金融数据，如股票价格、交易量等。通过 Pandas，金融分析师可以清洗数据、计算技术指标、进行回测等，以辅助投资决策。

统计学和社会科学：在统计学和社会科学研究中，Pandas 用于数据整理、预处理和探索性数据分析。它可以帮助研究人员理解数据结构、发现变量之间的关系，并进行假设检验、回归分析等统计分析。

机器学习：在机器学习的数据准备阶段，Pandas 是不可或缺的工具。它可以帮助数据科学家清洗数据、处理缺失值、转换数据类型、编码分类变量等，以使得数据适合于机器学习模型的训练。

时间序列分析：Pandas 提供了强大的时间序列处理功能，可以用于分析时间序列数据。例如，在经济学中，分析师可以使用 Pandas 来处理和分析宏观经济数据、市场趋势等。

数据可视化：虽然 Pandas 本身不是专门的数据可视化工具，但它可以与其他可视化库(如 Matplotlib、Seaborn 等)无缝集成。Pandas 可以对数据进行预处理和转换，以便于可视化展示和分析。

数据科学和大数据处理：在处理大规模数据集时，Pandas 可以与其他大数据处理工具(如 Dask、PySpark 等)结合使用，以实现对大数据的高效处理和分析。

Pandas 在数据科学、机器学习、统计学、金融分析等领域都有广泛的应用，是数据处理和分析的重要工具之一。

三、Pandas 应用示例

Pandas 是一个功能强大的 Python 数据处理库，它提供了许多方便的数据结构和函数，使得数据清洗、转换、分析和可视化变得简单高效。以下是 Pandas 的几个应用示例。

1. 数据清洗

假设有一个包含员工信息的 CSV 文件，现在需要对其进行清洗和预处理。

```
import pandas as pd

# 读取 CSV 文件
df = pd. read_csv('employees. csv')

# 查看数据的前几行
print(df. head())

# 检查缺失值
print(df. isnull(). sum())

# 用平均值填充缺失的年龄
df['Age']. fillna(df['Age']. mean(), inplace=True)

# 删除所有缺失职位的行
df. dropna(subset=['Position'], inplace=True)
```

```
# 将入职日期转换为日期类型，并设置为索引
df['Hire Date'] = pd.to_datetime(df['Hire Date'])
df.set_index('Hire Date', inplace=True)


# 查看处理后的数据
print(df.head())
```

2. 数据分析

假设有一个销售数据集，现在想要分析销售额和销售量的关系。

```
import pandas as pd
import matplotlib.pyplot as plt


# 读取数据
df = pd.read_csv('sales_data.csv')


# 分组计算总销售额和总销售量
grouped = df.groupby('Product')['Sales', 'Quantity'].sum().reset_index()


# 计算每种产品的平均销售单价
grouped['Average Price'] = grouped['Sales'] / grouped['Quantity']


# 排序平均销售单价
grouped_sorted = grouped.sort_values('Average Price', ascending=False)


# 绘制平均销售单价的条形图
plt.figure(figsize=(10, 5))
plt.bar(grouped_sorted['Product'], grouped_sorted['Average Price'])
plt.xlabel('Product')
```

```
plt. ylabel('Average Price')
plt. title('Average Sales Price by Product')
plt. show()
```

3. 数据重塑

假设有一个长格式的数据集，现在想要将其转换为宽格式。

```
import pandas as pd


# 读取长格式数据
df_long = pd. read_csv('long_format_data. csv')


# 将数据重塑为宽格式
df_wide = df_long. pivot(index = 'ID', columns = 'Variable', values = 'Value')


# 重置索引
df_wide. reset_index(inplace = True)


# 查看宽格式数据
print(df_wide)
```

4. 时间序列分析

假设有一个股票价格的数据集，现在想要对其进行时间序列分析。

```
import pandas as pd
import matplotlib. pyplot as plt


# 读取股票价格数据
df = pd. read_csv('stock_prices. csv', index_col = 'Date', parse_dates = True)


# 计算移动平均线
```

```
df['MA5'] = df['Close'].rolling(window = 5).mean()
df['MA20'] = df['Close'].rolling(window = 20).mean()


# 绘制收盘价和移动平均线
plt.figure(figsize = (10, 5))
plt.plot(df.index, df['Close'], label = 'Close Price')
plt.plot(df.index, df['MA5'], label = '5-Day MA')
plt.plot(df.index, df['MA20'], label = '20-Day MA')
plt.legend()
plt.title('Stock Price Analysis')
plt.show()
```

以上示例只是 Pandas 的冰山一角，实际上 Pandas 提供了非常丰富的功能和灵活性，可以满足各种数据处理和分析的需求。在实际应用中，我们可以根据具体的数据和任务来选择合适的函数和方法。

第四节　SymPy

SymPy 是一个 Python 的符号计算库。它支持符号数学、代数、微积分、离散数学和量子物理等领域的计算。SymPy 提供了丰富的符号计算函数，如符号求解方程、符号求导、符号积分、符号级数展开等。此外，SymPy 还支持将计算结果输出为 LaTeX 格式的数学公式。

一、SymPy 的主要特点

SymPy 是一个 Python 的数学符号计算库，它的主要特点体现在以下几个方面。

符号计算：SymPy 能够处理符号表达式而不仅仅是数值。它可以创建符号变量，进行代数运算，并保留表达式的精确性。这种符号化的处理方式使 SymPy 能够执行更加复杂的运算，如求导、积分和代数运算。

方程求解：SymPy 可以求解各种类型的方程，包括代数方程、微分方程和差分方程。它提供了 solve 函数来解决方程，并返回符号表达式的解。

微积分：SymPy 支持符号微积分，可以进行符号微分和积分运算。它可以计算导数、偏导数、高阶导数和定积分，并提供一些常见的微积分工具。

线性代数：SymPy 提供了一套用于处理线性代数的工具，包括矩阵和向量的表示、矩阵运算、线性方程组求解、特征值和特征向量计算等。

离散数学：SymPy 还包含一些用于离散数学的功能，如排列组合、图论、组合数学、离散概率等。

符号化的输出：SymPy 可以生成符号化的输出，包括数学表达式、方程、矩阵等。它支持多种输出格式，如 LaTeX、ASCII 文本和 Unicode 文本。

灵活性：SymPy 是一个功能强大且灵活的库，它可以用作其他 Python 程序的一部分，也可以独立使用。SymPy 还可以与其他 Python 库结合使用，如 NumPy 和 SciPy 等，提供了丰富的扩展性。

总的来说，SymPy 是一个功能强大的符号计算库，适用于进行符号计算、数学建模和高级数学操作。它在教育、科学研究和工程应用中都具有广泛的用途。

二、SymPy 的应用场景

SymPy 是一个 Python 的数学符号计算库，其应用场景非常广泛，主要包括以下几个方面。

数学和物理研究：SymPy 可以用于执行复杂的数学和物理计算，包括代数、微积分、离散数学、量子物理学等。它支持符号计算，能够处理符号表达式而仅仅是数值，因此特别适用于需要精确解和符号推导的领域。

教育和教学：SymPy 在教育领域有广泛的应用。教师可以利用 SymPy 来创建数学和物理问题的符号解，并将其用于教学演示和学生作业。学生也可以使用 SymPy 来验证他们的计算和理解概念。

工程和科学计算：工程师和科学家在进行建模、仿真和分析时，经常需要求解复杂的数学方程和进行数值计算。SymPy 提供了强大的符号计算功能，可以帮助他们快速求解方程、计算导数和积分，并进行其他高级数学操作。

数据分析和统计：虽然 SymPy 主要用于符号计算，但它也提供了一些数据分析和统计功能。例如，它支持多项式拟合、插值、回归分析等基本的统计分析方法，可以用于处理实验数据和进行统计建模。

软件开发和算法研究：SymPy 是一个开源库，具有灵活性和可扩展性。它可以用作其他 Python 程序的一部分，也可以与其他 Python 库结合使用，如 NumPy 和 SciPy 等。因此，软件开发人员和算法研究人员可以利用 SymPy 来开发数学相关的应用程序和算法。

需要注意的是，虽然 SymPy 在许多领域有应用，但它并不适用于所有的计算任务。对于需要高效数值计算和科学计算的情况，可能需要考虑其他库，如 NumPy、SciPy 或专门的数值计算软件。然而，SymPy 在符号计算和精确解方面具有独特的优势，并且是一个功能强大的工具，适用于广泛的数学和物理问题。

三、SymPy 的应用示例

SymPy 是一个 Python 的数学符号计算库，下面是 SymPy 的几个应用示例。

1. 代数运算和表达式简化

使用 SymPy，你可以定义符号变量，并进行代数运算，如加法、减法、乘法、除法和指数运算。还可以简化代数表达式，如展开多项式、合并同类项和进行因式分解。

```
from sympy import symbols, simplify, expand, factor

x, y = symbols('x y')
expr = (x+y) ** 2
expanded_expr = expand(expr)
simplified_expr = simplify(expanded_expr)
factored_expr = factor(expanded_expr)

print("Expanded:", expanded_expr)      # 输出（x+y）** 2 的展开式
print("Simplified:", simplified_expr)   # 尝试简化表达式
print("Factored:", factored_expr)      # 输出表达式的因式分解形式
```

2. 方程求解

SymPy 可以求解各种类型的方程，包括线性方程、二次方程、高次方程和方

程组。

```
from sympy import symbols, Eq, solve

x = symbols('x')
equation = Eq(x ** 2 - 2, 0)
solutions = solve(equation, x, dict = True)

print("Solutions:", solutions)    # 输出方程的解
```

3. 微积分

SymPy 支持符号微积分, 包括求导数和积分。

```
from sympy import symbols, diff, integrate

x = symbols('x')
f = x ** 2+2 * x+1
derivative = diff(f, x)
integral = integrate(f, x)

print("Derivative:", derivative)    # 输出 f 对 x 的导数
print("Integral:", integral)       # 输出 f 对 x 的不定积分
```

4. 线性代数

SymPy 可提供线性代数功能, 如矩阵运算和线性方程组求解。

```
from sympy import symbols, Matrix, solve

x, y, z = symbols('x y z')
A = Matrix([[1, 2, 3], [4, 5, 6], [7, 8, 10]])
b = Matrix([1, 2, 3])
system = A * Matrix([x, y, z]) - b
solutions = solve(system, (x, y, z), dict = True)
```

```
print("Solutions:", solutions)      # 输出线性方程组的解
```

5. 离散数学和逻辑

SymPy 包括处理逻辑表达式、布尔代数和集合论的功能。

```
from sympy import symbols, Eq, solve, logic

x, y = symbols('x y', bool = True)        # 定义布尔变量
equation = Eq(logic. And(x, y), True)        # 定义逻辑方程 x AND y = True
solutions = solve(equation, dict = True)
print("Solutions:", solutions)        # 输出逻辑方程的解
```

请注意，前述代码示例可能需要根据具体需求进行调整。SymPy 的功能非常丰富，还有很多其他应用场景和用法等待我们去探索。

第五章　Python 算法

Python 算法是指在 Python 编程语言中实现解决问题的方法和技巧。它们是一组逻辑和数学上的步骤，旨在解决特定问题或执行特定任务。Python 算法可以分为多种类型，包括但不限于搜索算法、排序算法、图算法、动态规划算法和回溯算法等。每种算法都有其特定的应用场景和解决问题的方法。

Python 算法的设计要求包括确定性、可读性、健壮性、时间效率高和存储量低等。确定性意味着算法应该具有明确的输入、输出和处理步骤，无歧义性，并能正确反映问题的需求。可读性要求算法的代码应该易于阅读、理解和交流，以方便他人使用和修改。健壮性指的是算法在输入数据不合法或异常情况下也能作出相关处理，而不是产生异常或崩溃。时间效率高和存储量低是评价算法优劣的重要指标，可以通过空间复杂度与时间复杂度来衡量。

总之，Python 算法是 Python 编程中不可或缺的一部分，它们是实现各种功能和解决问题的关键。了解和掌握常见的 Python 算法对于提高编程能力和解决实际问题具有重要意义。

第一节　Python 算法概述

一、Python 算法分类

Python 算法可以根据解决问题的类型和方法进行分类。以下是一些常见的 Python 算法分类。

第一，搜索算法。这类算法主要用于在数据集合中查找特定元素或满足特定条件的元素。例如，线性搜索和二分搜索是两种常见的搜索算法。线性搜索按顺序检查每个元素，直到找到目标或遍历完整个集合。二分搜索则适用于已排序的集合，通过每次比较中间元素来缩小搜索范围。

第二，排序算法。这类算法用于将数据元素按照一定的顺序进行排列。常见的排序算法包括冒泡排序、选择排序、插入排序、快速排序、归并排序等。每种排序算法都有其特定的排序原理和应用场景。

第三，图算法。图算法用于处理图结构数据，解决与图相关的问题，如路径搜索、最小生成树、最短路径、拓扑排序等。常见的图算法有深度优先搜索（depth-first-search，DFS）、广度优先搜索（breadth-first-search，BFS）、Dijkstra 算法、Prim 算法、Kruskal 算法等。

第四，动态规划算法。动态规划算法用于解决具有重叠子问题和最优子结构性质的问题。它通过把问题分解为相互独立的子问题，并存储子问题的解，避免重复计算，从而提高效率。常见的动态规划算法有背包问题、最长公共子序列（longest common subsequence，LCS）等。

第五，贪心算法。贪心算法是一种在每一步选择中都采取当前状态下最好或最优（最有利）的选择，从而希望导致结果是全局最好或最优的算法。它通常用于优化问题，如霍夫曼编码、最小生成树等。

第六，回溯算法。回溯算法是一种通过探索所有可能的候选解来找出所有解的算法。如果候选解被确认不是一个解（或者至少不是最后一个解），回溯算法会通过在上一步进行一些变化来丢弃该解，即"回溯"并尝试另一个可能的候选解。常见的回溯算法有八皇后问题、组合问题等。

第七，分治算法。分治算法的基本思想是将一个规模为 N 的问题分解为 K 个规模较小的子问题，这些子问题相互独立且与原问题在结构上相同或类似，只不过规模不同。分治算法通过递归地解决子问题，再将子问题的解合并，从而达到解决原问题的目的。常见的分治算法有归并排序、快速排序等。

这些算法在 Python 中都有广泛的应用，可以用于解决各种问题，如数据处理、机器学习、网络优化等。了解和掌握这些算法对于提高编程能力和解决实际问题具有重要意义。

二、Python 算法的优势

Python 算法在多个方面展现出其优势，这些优势使 Python 成为数据科学、机器学习、Web 开发等多个领域的首选语言。以下是一些 Python 算法的主要优势。

第一，简洁易读的语法。Python 以简洁、易读的语法而闻名，这使得算法的实现更加直观和易于理解。Python 采用缩进来表示代码块，使得代码结构清晰，易于阅读和维护。

第二，丰富的标准库和第三方库。Python 拥有庞大的标准库，涵盖了多种常见的任务，如文件处理、网络编程、数据库接口、图形用户界面开发等。此外，还有大量的第三方库可供使用，如 NumPy、Pandas、Matplotlib 等，这些库提供了丰富的数据处理、机器学习和可视化功能。

第三，动态类型系统。Python 采用动态类型系统，意味着开发者不需要在声明变量时指定其类型。这增加了代码的灵活性，减少了开发时间，并允许开发者以更自然的方式编写算法。

第四，跨平台兼容性。Python 是一种跨平台的语言，可以在 Windows、MacOS、Linux 等操作系统上运行。这使得 Python 算法具有广泛的适用性，可以轻松地在不同平台上开发和部署。

第五，强大的社区支持。Python 拥有庞大的开发者社区，这意味着遇到问题时可以很容易地找到帮助和解决方案。社区还不断贡献着新的库和工具，推动着 Python 生态系统的持续发展。

第六，易于集成 C/C++ 代码。Python 可以轻松地与 C/C++ 代码进行集成，这使得在需要高性能计算或利用现有 C/C++ 库的情况下，Python 算法仍然具有高效性。

第七，广泛的应用领域。Python 算法被广泛应用于多个领域，包括数据科学、机器学习、Web 开发、自然语言处理等。这使得学习 Python 算法具有很高的实用价值，可以为职业发展打下坚实的基础。

综上所述，Python 算法的优势在于简洁易读的语法、丰富的库支持、动态类型系统、跨平台兼容性、强大的社区支持、易于集成 C/C++ 代码及广泛的应用领域。这些优势使 Python 成为实现各种算法和应用的首选语言之一。

三、Python 算法在数据科学中的用途

Python 算法在数据科学中发挥着至关重要的作用。它们被广泛应用于数据分析、数据预处理、特征工程、机器学习、深度学习及数据可视化等各个阶段。以

下是一些具体的用途。

一是数据分析。Python 提供了众多算法来进行数据的探索性分析，帮助数据科学家理解数据的分布、异常值、相关性等特性。例如，统计算法可以帮助计算数据的均值、中位数、方差等；聚类算法如 K-means 可以帮助识别数据中的群组或模式。

二是数据预处理。在进行机器学习或深度学习之前，通常需要对数据进行清洗和预处理。Python 算法可以帮助处理缺失值、删除重复项、转换数据类型、进行特征缩放等。

三是特征工程。特征工程是机器学习中的关键步骤，它涉及从原始数据提取和构造对模型训练有益的特征。Python 算法如主成分分析（principal component analysis，PCA）可以帮助降低特征的维度，而决策树等算法可以帮助理解特征的重要性。

四是机器学习。Python 是机器学习的首选语言，因为它拥有大量优秀的机器学习库，如 scikit-learn、TensorFlow、PyTorch 等。这些库提供了丰富的机器学习算法，包括线性回归、逻辑回归、支持向量机（support vector machine，SVM）、决策树、随机森林等。

五是深度学习。深度学习是机器学习的一个子领域，专注于神经网络。Python 的 TensorFlow 和 PyTorch 等库提供了构建和训练深度学习模型所需的算法和工具。

六是数据可视化。Python 的 Matplotlib、Seaborn 等库提供了数据可视化算法，可以帮助数据科学家将数据以图形的形式展示出来，从而更好地理解数据的分布和趋势。

总的来说，Python 算法在数据科学中的应用非常广泛，几乎涵盖了数据科学的各个方面。学习和掌握这些算法对于从事数据科学工作的人来说是非常重要的。

第二节　搜索算法

一、搜索算法的原理

搜索算法的原理主要是基于枚举和筛选的思想，通过计算机的高性能来有目的地穷举一个问题解空间的部分或所有的可能情况，从而求出问题的解。具体来说，搜索算法首先会根据问题的初始条件和扩展规则，构造一棵"解答树"，这棵树由根节点、父节点、子节点等构成。根节点对应着问题的初始状态，而目标状态则对应着树中的某个目标节点。搜索算法的目标就是找到一条从根节点到目标节点的路径，这条路径就是问题的一个解。

在搜索过程中，算法会根据一定的控制结构(如深度优先或广度优先)来扩展节点，即根据当前节点的状态和规则生成子节点，并将这些子节点加入待搜索的节点列表。然后，算法会从待搜索的节点列表中选择一个节点进行扩展，直到找到目标节点或者无法再生成新的节点为止。

为了优化搜索过程，搜索算法通常会采用一些启发式信息来指导节点的扩展顺序，从而减少搜索的时间和空间复杂度。例如，在广度优先搜索中，算法会优先扩展距离根节点较近的节点；而在深度优先搜索中，算法则会沿着树的深度方向进行扩展，直到达到某个深度限制或者找到目标节点为止。

需要注意的是，搜索算法并不保证一定能够找到问题的解，因为有些问题可能存在无解的情况或者解空间非常大，无法在有限的时间内穷举完所有可能的情况。此外，搜索算法的性能也取决于问题的规模和复杂度，对于一些大规模、高复杂度的问题，可能需要采用更高效的算法来解决。

二、搜索算法的应用领域

搜索算法在计算机科学和实际应用中具有广泛的应用。以下是一些主要的应用领域。

一是路径规划。在图论和网络中，搜索算法被用来找到从起点到终点的最短或最优路径。例如，在地图应用、物流运输和机器人导航中，搜索算法可以帮助确定最佳路线。

二是数据库查询。在数据库中，搜索算法用于根据特定条件检索和过滤数据。例如，SQL 查询中的 WHERE 子句就使用了搜索算法来筛选满足条件的记录。

三是人工智能和机器学习。在人工智能和机器学习领域，搜索算法被广泛应用于各种任务，如自然语言处理、图像识别和语音识别等。例如，在机器翻译中，搜索算法用于在可能的翻译空间中找到最佳翻译。

　　四是网络路由。在计算机网络中，搜索算法用于确定数据包从源节点到目标节点的最佳路由路径。路由协议（如 OSPF、BGP）使用搜索算法来计算最短路径树并优化网络流量。

　　五是游戏和决策系统。在棋类游戏、电子游戏和决策支持系统中，搜索算法用于确定最优策略或行动。例如，在围棋和国际象棋中，搜索算法通过评估各种可能的走法来找到最佳走法。

　　六是优化问题。搜索算法也常用于解决各种优化问题，如旅行商问题、背包问题和调度问题等。这些问题要求在给定的约束条件下找到最优解，搜索算法通过探索解空间来寻找满足条件的最优解。

　　总之，搜索算法在多个领域中发挥着重要作用，它们是我们解决问题、优化方案和改进系统性能的关键工具。

三、搜索算法的应用示例

　　在 Python 中，实现搜索算法的应用非常直接且实用。以下是一些具体的搜索算法实现示例。

1. 线性搜索（linear search）

　　线性搜索是最简单的搜索算法，它按顺序检查每个元素，直到找到目标元素或检查完所有元素。

```python
def linear_search(lst, target):
    for i in range(len(lst)):
        if lst[i] == target:
            return i  # 找到目标，返回其索引
    return-1  # 未找到目标，返回-1


# 示例
numbers = [4, 2, 9, 6, 5, 3, 1]
result_index = linear_search(numbers, 5)
print(f"元素 5 的索引是：{result_index}")
```

2. 二分搜索(binary search)

二分搜索是一种在有序数组中查找特定元素的搜索算法。

```python
def binary_search(lst, target):
    low = 0
    high = len(lst) - 1

    while low <= high:
        mid = (low+high) // 2
        if lst[mid] == target:
            return mid    # 找到目标,返回其索引
        elif lst[mid] < target:
            low = mid+1
        else:
            high = mid - 1
    return-1    # 未找到目标,返回-1


# 示例
sorted_numbers = [1, 2, 3, 4, 5, 6, 7, 8, 9]
result_index = binary_search(sorted_numbers, 5)
print(f"元素 5 的索引是:{result_index}")
```

3. 深度优先搜索(depth-first search,DFS)

深度优先搜索是一种用于遍历或搜索树或图的算法。这里是一个简单的图 DFS 实现。

```python
# 使用邻接列表表示图
graph = {
    'A': ['B', 'C'],
    'B': ['A', 'D', 'E'],
    'C': ['A', 'F'],
```

```
        'D': ['B'],
        'E': ['B', 'F'],
        'F': ['C', 'E'],
    }
visited = set()   # 用于记录已访问过的节点


def dfs(visited, graph, node):
    if node notin visited:
        print(node, end='')   # 访问节点
        visited. add(node)
        for neighbor in graph[node]:
            dfs(visited, graph, neighbor)


# 示例
dfs(visited, graph, 'A')   # 从节点'A'开始遍历
```

4. 广度优先搜索(breadth-first search, BFS)

广度优先搜索是另一种用于遍历或搜索树或图的算法。这里是一个简单的图 BFS 实现。

```
from collections import deque


# 使用邻接列表表示图
graph = {
        'A': ['B', 'C'],
        'B': ['A', 'D', 'E'],
        'C': ['A', 'F'],
        'D': ['B'],
        'E': ['B', 'F'],
        'F': ['C', 'E'],
    }
visited = set()   # 用于记录已访问过的节点
```

```
def bfs(visited, graph, node):
    queue = deque([node])
    while queue:
        node = queue.popleft()
        if node not in visited:
            print(node, end='')    # 访问节点
            visited.add(node)
            queue.extend(graph[node] - visited)    # 将未访问的邻居加入
队列
```

```
# 示例
bfs(visited, graph, 'A')    # 从节点'A'开始遍历
```

这些示例展示了如何在 Python 中实现基本的搜索算法,并用于解决不同的问题。线性搜索和二分搜索通常用于在数组中查找元素,而深度优先搜索和广度优先搜索则用于遍历图结构。

第三节 排 序 算 法

一、排序算法的原理

排序算法是一种将一组数据按照特定顺序进行排列的算法。不同的排序算法有不同的原理和实现方式,但它们的共同目标是将数据按照某种规则进行排序,以便进行处理和分析。以下是一些常见的排序算法原理。

第一,冒泡排序。冒泡排序是一种简单的排序算法,它通过重复地遍历要排序的列表,比较每对相邻的项,并交换它们(如果它们是在错误的顺序下),直到没有更多的交换需要进行。这样,列表中的最大值就像“泡泡”一样慢慢地“浮”到了列表的一端,而其他的值则逐渐被排好序。

第二,选择排序。选择排序的工作原理是,首先在未排序的序列中找到最小(或最大)的元素,存放到排序序列的起始位置,然后从剩余未排序的元素中继续寻找最小(或最大)的元素,最后放到已排序序列的末尾。以此类推,直到所

有元素均排序完毕。

第三，插入排序。插入排序的工作方式是通过构建有序序列，对于未排序数据，在已排序序列中从后向前扫描，找到相应位置并插入。在插入排序实现上，通常采用 in-place 排序[即只需用到 O(1) 的额外空间]的方式，因而在从后向前扫描的过程中，需要反复把已排序的元素逐步向后挪位，为最新元素提供插入空间。

第四，快速排序。快速排序使用分治的原则，把一个序列分为两个子序列。步骤是：选择一个基准元素，通过一趟排序将待排序的数据分割成独立的两部分，其中一部分的所有数据要比另一部分的所有数据都小，然后按此方法对这两部分数据分别进行快速排序，整个排序过程可以递归进行，以此达到整个数据变成有序序列。

第五，归并排序。归并排序是建立在归并操作上的一种有效的排序算法。该算法是采用分治法(Divide and Conquer)的一个非常典型的应用。它将已有序的子序列合并，得到完全有序的序列，即先使每个子序列有序，再使子序列段间有序。

以上是一些常见的排序算法的原理，它们各有特点，适用于不同的场景和数据规模。在实际应用中，需要根据具体需求选择合适的排序算法。

二、排序算法的应用领域

排序算法在众多领域有着广泛的应用，主要包括但不限于以下几个方面。

一是计算机科学和技术。在计算机科学和技术领域，排序算法被广泛应用于数据处理、搜索引擎、数据库管理系统、数据挖掘和机器学习等方面。例如，在处理大量数据时，可以使用快速排序、归并排序等高效算法来提高数据处理速度；在搜索引擎中，排序算法可以帮助对搜索结果进行排序，以便用户更快地找到所需信息。

二是电子商务和在线购物。在电子商务和在线购物领域，排序算法被用于商品推荐、搜索排名、价格排序等方面。例如，当用户搜索商品时，电子商务平台可以使用排序算法将最相关、最受欢迎的商品排在前面，从而提高用户的购物体验。

三是金融领域。在金融领域，排序算法被用于数据分析、风险评估、投资组合优化等方面。例如，在数据分析过程中，可以使用排序算法对股票、基金等金融产品进行排序，以便投资者更快地了解市场情况；在风险评估方面，排序算法可以帮助银行、保险公司等机构对客户进行信用评级和风险评估。

四是物流和供应链管理。在物流和供应链管理领域，排序算法被用于路径规划、仓库管理、货物配送等方面。例如，在路径规划中，可以使用排序算法找到最优的配送路线，以降低成本和提高效率；在仓库管理中，排序算法可以帮助实现货物的快速入库、出库和库存盘点等操作。

五是医疗卫生领域。在医疗卫生领域，排序算法被用于病人诊断、药物研发、基因测序等方面。例如，在病人诊断过程中，医生可以使用排序算法对病人的各项指标进行排序，以便更准确地判断病情；在药物研发方面，排序算法可以帮助科学家对药物分子进行排序和筛选，以加速新药的研发过程。

总之，排序算法在众多领域发挥着重要作用，其应用范围广泛且日益扩大。随着技术的不断发展和进步，未来还将出现更多新的排序算法和应用领域。

三、排序算法的应用示例

在 Python 中，排序算法的应用非常广泛，不仅可以使用 Python 内置的排序函数，还可以自己实现各种排序算法以解决特定的问题。下面将提供几个使用 Python 实现的排序算法的应用示例。

1. 使用内置排序函数对列表排序

Python 内置的 sorted( )函数和列表的 sort( )方法可以对列表进行排序。

```python
# 使用 sorted( )函数
numbers = [4, 2, 9, 6, 5, 3, 1]
sorted_numbers = sorted(numbers)
print(sorted_numbers)   # 输出：[1, 2, 3, 4, 5, 6, 9]


# 使用 sort( )方法
letters = ['c', 'a', 'b']
letters. sort( )
print(letters)   # 输出：['a', 'b', 'c']
```

2. 实现冒泡排序算法

```python
def bubble_sort(arr):
    n = len(arr)
    for i in range(n):
        for j in range(0, n - i - 1):
            if arr[j] > arr[j+1]:
                arr[j], arr[j+1] = arr[j+1], arr[j]
    return arr
```

```python
# 应用示例
numbers = [64, 34, 25, 12, 22, 11, 90]
sorted_numbers = bubble_sort(numbers)
print(sorted_numbers)   # 输出：[11, 12, 22, 25, 34, 64, 90]
```

3. 实现选择排序算法

```python
def selection_sort(arr):
    for i in range(len(arr)):
        min_idx = i
        for j in range(i+1, len(arr)):
            if arr[j] < arr[min_idx]:
                min_idx = j
        arr[i], arr[min_idx] = arr[min_idx], arr[i]
    return arr
```

```python
# 应用示例
numbers = [64, 25, 12, 22, 11]
sorted_numbers = selection_sort(numbers)
print(sorted_numbers)   # 输出：[11, 12, 22, 25, 64]
```

4. 实现插入排序算法

```
def insertion_sort( arr) :
    for i in range( 1, len( arr) ) :
        key = arr[ i]
        j = i - 1
        while j >= 0 and key < arr[ j] :
            arr[ j+1] = arr[ j]
            j -= 1
        arr[ j+1] = key
    returnarr
```

```
# 应用示例
numbers = [ 4, 3, 2, 10, 12, 1, 5, 6]
sorted_numbers = insertion_sort( numbers)
print( sorted_numbers)   # 输出：[ 1, 2, 3, 4, 5, 6, 10, 12]
```

在实际应用中，我们可以根据需要选择使用内置的排序函数或自己实现排序算法。内置的排序函数通常已经过优化，并且在大多数情况下是足够高效的。然而，在某些特定场景下，比如需要自定义排序逻辑或者学习算法原理时，自己实现排序算法可能帮助更大。

第四节　图　算　法

一、图算法的原理

图算法是基于图论的一种算法，用于解决与图相关的计算问题。在计算机科学中，图是由顶点(也称为节点)和边组成的数据结构，用于表示对象之间的关系。图算法的原理可以涉及多个方面，以下是其中一些关键原理。

图的表示：图算法首先需要将问题抽象为图的形式。在计算机中，图可以用邻接矩阵、邻接表等数据结构来表示。这些表示方法能够存储顶点和边的信息，并支持高效的图操作。

遍历图：图算法通常需要对图进行遍历，以访问和处理图中的每个顶点或边。常见的图遍历算法包括深度优先搜索（DFS）和广度优先搜索（BFS）。这些算法能够按照特定的顺序访问图中的顶点，并发现图中的路径、连通性等信息。

最短路径：最短路径问题是图算法中的经典问题之一。Dijkstra 算法和 Floyd-Warshall 算法是解决最短路径问题的常用方法。Dijkstra 算法适用于带权重的图，能够找到从源顶点到其他顶点的最短路径。Floyd-Warshall 算法则能够解决图中所有顶点对之间的最短路径问题。

最小生成树：最小生成树问题也是图算法中的重要问题。Kruskal 算法和 Prim 算法是解决最小生成树问题的常用方法。这些算法能够在连通图中找到一棵包含所有顶点且边的权重之和最小的树。

网络流：网络流问题是图算法中的另一类重要问题，涉及流网络中的流量分配。Ford-Fulkerson 算法和 Edmonds-Karp 算法是解决网络流问题的常用方法。这些算法能够找到流网络中的最大流，并确定流网络中各条边的流量分配。

图算法的原理还包括其他许多方面，如匹配问题、图的着色、图的分割等。这些原理和方法为解决与图相关的计算问题提供了有效的工具和手段。在实际应用中，图算法被广泛应用于社交网络分析、网络路由、电路设计、生物信息学等领域。

二、图算法的应用领域

图算法在许多领域有广泛的应用，这主要得益于其处理复杂关系数据的能力。以下是一些图算法的主要应用领域。

社交网络分析：社交网络是图数据结构的典型应用，人与人之间的关系可以用图来表示，节点代表用户，边代表互相关注或其他连接。图算法可以用来识别社交网络中的社区、预测用户兴趣和行为等。例如，Facebook、Twitter 等社交媒体平台就利用图算法来推荐朋友、内容和广告。

推荐系统：图算法能够快速遍历所有实体之间的关系，以及这些关联的质量和强度，进而可以用于推荐领域。比如，一些电商平台就利用了图算法和自然语言理解等技术，建立了一个实时推荐引擎，它能够理解并学习购物者提供的上下文语言，并快速聚焦具体产品推荐。

路径规划：图算法中的寻路算法是图分析算法的基础，它们探究节点间的路径问题。这些算法通常用于识别最佳路线，具体应用于物流规划、最低成本路线选择和博弈情境等领域。例如，地图导航软件就使用图算法来计算两点之间的最短路径或最快路径。

风控领域：图算法能够用于欺诈检测。对于使用传统的表格等表示方式难以检测的模式，图技术可以大显身手。越来越多的公司使用图数据技术来解决各种关联数据问题，包括欺诈检测。例如，阿里的风控团队就使用了图神经网络，用于反洗钱和支付中常见的欺诈模式识别。

生物信息学：在生物信息学中，图算法被用于分析和理解生物分子之间的相互作用，如蛋白质相互作用网络。这些算法有助于揭示生物过程的复杂性和疾病的发生机制。

以上只是图算法应用的一部分领域，实际上，随着技术的进步和数据规模的扩大，图算法的应用领域还在不断扩大。

三、图算法的应用示例

在 Python 中实现图算法，我们通常使用 NetworkX 这个强大的库，它提供了创建、操作和研究图结构的工具。以下是几个使用 Python 和 NetworkX 实现图算法的应用示例。

1. 社交网络中的最短路径

```python
import networkx as nx

# 创建一个简单的社交网络图
G = nx. Graph( )
G. add_edge( 'Alice', 'Bob', weight = 1 )
G. add_edge( 'Bob', 'Charlie', weight = 2 )
G. add_edge( 'Charlie', 'David', weight = 1 )
G. add_edge( 'David', 'Eve', weight = 3 )
G. add_edge( 'Eve', 'Alice', weight = 2 )
```

使用 Dijkstra 算法找到 Alice 到 Eve 的最短路径

```
shortest_path = nx. dijkstra_path ( G， source = 'Alice'， target = 'Eve'， weight =
'weight')
print("Shortest path from Alice to Eve:"， shortest_path)
```

找到 Alice 到所有其他节点的最短路径长度

```
shortest_paths_lengths = nx. single_source_dijkstra_path_length ( G， source =
'Alice'， weight ='weight')
print("Shortest paths lengths from Alice to all others:"， shortest_paths_lengths)
```

2. 社交网络中的社区发现

```
import networkx as nx
from networkx. algorithms. community import best_partition
```

创建一个社交网络图

```
G =nx. karate_club_graph()
```

使用 Louvain 方法找到社区

```
communities =best_partition(G)
```

打印每个节点所属的社区

```
print("Community membership of each node:"， communities)
```

可视化社区结构

```
import matplotlib. pyplot as plt
pos =nx. spring_layout(G)
cmap =cm. get_cmap('viridis'， max(communities. values())+1)
nx. draw_networkx_nodes ( G， pos， communities. keys ()， node_size = 100，
cmap =cmap， node_color =list(communities. values()))
nx. draw_networkx_edges(G， pos， alpha =0. 5)
```

plt. show( )

注意：在这个示例中，"karate_club_graph"是一个 NetworkX 内置的示例图，代表了一个空手道俱乐部的社交网络，可能需要导入 matplotlib 的 cm 模块来获取颜色映射（在上面的代码中遗漏了这一步，所以需要在开始时添加"import matplotlib. cm as cm"）。

3. 推荐系统中的基于图的协同过滤

```
import networkx as nx

# 创建一个用户-商品二分图
G = nx. Graph( )
G. add_nodes_from( ['User1', 'User2', 'User3'], bipartite = 0)    # 添加用户
节点
G. add_nodes_from( ['ItemA', 'ItemB', 'ItemC'], bipartite = 1)    # 添加商品
节点
G. add_edges_from ( [ ( 'User1', 'ItemA' ), ( 'User1', 'ItemB' ), ( 'User2',
'ItemA'), ('User3', 'ItemC')])    # 添加边

# 使用共同邻居来计算用户或商品之间的相似度
def common_neighbors( G, u, v):
    return len( list( nx. common_neighbors( G, u, v) ) )

# 计算 User1 和其他用户的相似度
similarity_scores = { user: common_neighbors ( G, 'User1', user) for user in
G. nodes( ) if G. nodes[ user] [ 'bipartite'] = = 0 and user ! = 'User1'}
print( "Similarity scores of User1 with other users:", similarity_scores)

# 基于相似度为用户推荐商品
def recommend_items( G, user):
```

```
        recommended_items = {}
        for item in G. nodes( ) :
            if G. nodes[ item ][ 'bipartite' ] = = 1 :
                for neighbor in G. neighbors( user) :
                    if G. has_edge( neighbor, item) :
                        recommended_items[ item ] = recommended_items. get
( item, 0) +1
        return sorted( recommended_items. items( ) , key = lambda x : x[ 1 ] , reverse =
True)
```

为 User1 推荐商品

recommendations = recommend_items(G, 'User1')

print("Recommended items for User1:" , recommendations)

在这个推荐系统的示例中，我们创建了一个简单的用户-商品二分图，并使用共同邻居作为相似度度量来为用户推荐商品。注意，这里的推荐算法非常基础，实际应用中可能需要考虑更多的因素，如评分、时间衰减等。

请确保计算机已经安装了 NetworkX 库，如果没有，请使用"pip install networkx"命令安装。对于图形可视化，还需要安装 matplotlib 库，可以使用"pip install matplotlib"命令进行安装。

第五节　动态规划算法

一、动态规划算法的原理

动态规划算法是一种在数学、计算机科学和经济学中使用的，通过把原问题分解为相对简单的子问题方式来求解复杂问题的方法。它的基本思想是将原问题分解为若干个子问题，子问题和原问题在结构上相同或类似，只不过规模不同。通过解决子问题，再合并子问题的解决方案，从而达到解决原问题的目的。

动态规划的原理可以归结为三点：最优子结构、边界和状态转移方程。

第一，最优子结构。大问题的最优解可以由小问题的最优解推出。这个性质是动态规划方法的基础。它要求在原问题和子问题之间必须具有这样的性质：原问题的最优解只由各个子问题的最优解组合得到，不需要再考虑子问题之间的关系。

第二，边界。问题的边界即最小的子问题的解，常常是递归的起点。

第三，状态转移方程。状态转移方程描述了子问题之间是如何转化的，也就是说，一个问题的解与其子问题解之间的关系。

此外，动态规划还有一个要点是"无后效性"，即某个阶段的状态一旦确定，则此后过程的演变不再受此前各状态及决策的影响。也就是说，"未来与过去无关"，当前的状态是此前历史的完整总结，此前的历史只能通过当前的状态影响过程未来的演变。

同时，动态规划常常应用于有重叠子问题的情况，即在递归求解过程中，很多子问题是被重复计算的。动态规划通过存储子问题的解，避免了大量的重复计算，从而提高了算法的效率。

二、动态规划算法的应用领域

动态规划算法的应用领域非常广泛，它可以用于解决各种实际问题。以下是一些常见的应用领域。

在工程技术领域，动态规划常用于优化资源分配、路径规划、生产调度等问题。例如，在网络通信中，可以使用动态规划算法来优化数据包的传输路径，提高网络传输效率。

在经济领域，动态规划常用于解决资源分配、生产计划、库存管理等问题。例如，在制造业中，可以使用动态规划算法来制订生产计划，并在满足需求的前提下，使成本最低。

在工业生产领域，动态规划常用于优化生产流程、提高生产效率。例如，在生产线调度中，可以使用动态规划算法来优化工件的加工顺序，使得生产时间最短。

在军事领域，动态规划常用于路径规划、任务分配、作战策略优化等问题。例如，在无人机编队协同作战中，可以使用动态规划算法来规划无人机的飞行路径和任务分配，提高作战效率。

在自动化控制领域，动态规划常用于控制系统设计、优化控制策略等问题。

例如，在机器人路径规划中，可以使用动态规划算法来规划机器人的移动路径，避免碰撞并提高移动效率。

此外，动态规划算法还广泛应用于计算机科学领域，如字符串搜索、手写字符识别、网络的无交叉布线、电路元件折叠和旅行商问题等。掌握动态规划技术对于提高计算机算法设计和分析水平及解决实际计算问题具有至关重要的作用和意义。

三、动态规划算法的应用示例

在 Python 中实现动态规划算法的应用示例有很多，以下是几个常见的示例：0-1 背包问题、斐波那契数列（优化递归）、最长公共子序列（LCS）。

1. 0-1 背包问题

0-1 背包问题是一个经典的优化问题，其中给定一组物品，每个物品有一定的重量和价值，目标是选择一些物品放入背包，使得背包中物品的总重量不超过背包的容量，同时最大化背包中物品的总价值。

```python
def knapsack(values, weights, capacity):
    n = len(values)
    # 创建一个二维数组来保存子问题的解
    dp = [[0 for _ in range(capacity+1)] for _ in range(n+1)]

    # 动态规划填表
    for i in range(1, n+1):
        for w in range(1, capacity+1):
            if weights[i - 1] <= w:
                dp[i][w] = max(dp[i - 1][w], dp[i - 1][w - weights[i - 1]]+values[i - 1])
            else:
                dp[i][w] = dp[i - 1][w]

    # 返回最大价值
```

```
    return dp[n][capacity]
```

```
# 示例
values = [60, 100, 120]   # 物品的价值
weights = [10, 20, 30]    # 物品的重量
capacity = 50   # 背包的容量
print(knapsack(values, weights, capacity))   # 输出应为 220(选择第二和第
三件物品)
```

2. 斐波那契数列(优化递归)

斐波那契数列(优化递归)是一个序列,其中每个数字是前两个数字的和,序列从 0 和 1 开始。虽然这个问题有递归的解决方案,但使用动态规划可以显著提高效率,避免重复计算。

```
def fibonacci(n):
    # 创建一个数组来保存子问题的解
    dp = [0, 1] + [0] * (n - 1)

    # 动态规划填表
    for i in range(2, n+1):
        dp[i] = dp[i - 1] + dp[i - 2]

    # 返回第 n 个斐波那契数
    return dp[n]
```

```
# 示例
n = 10
print(fibonacci(n))   # 输出应为 55
```

在这两个示例中,我们都使用了一个数组(在 Python 中通常是列表)来存储子问题的解,并通过迭代填表的方式逐步构建最终解。这种方法避免了递归解决方案中的重复计算问题,并且通常具有更好的时间复杂度。

3. 最长公共子序列(LCS)

最长公共子序列(LCS)是一个经典的字符串处理问题，可以使用动态规划来解决。下面是使用 Python 实现的 LCS 问题的动态规划解决方案。

```python
def lcs(X, Y):
    m = len(X)
    n = len(Y)

    # 创建一个二维数组来保存子问题的解
    dp = [[0 for _ in range(n+1)] for _ in range(m+1)]

    # 动态规划填表
    for i in range(1, m+1):
        for j in range(1, n+1):
            if X[i-1] == Y[j-1]:
                dp[i][j] = dp[i-1][j-1]+1
            else:
                dp[i][j] = max(dp[i-1][j], dp[i][j-1])

    # 返回最长公共子序列的长度
    return dp[m][n]

# 测试函数
X = "AGGTAB"
Y = "GXTXAYB"
print("Length of LCS is", lcs(X, Y))   # 输出 LCS 的长度
```

在这个实现中，"dp[i][j]"表示"X[0..i-1]"和"Y[0..j-1]"之间的最长公共子序列的长度。我们通过比较"X[i-1]"和"Y[j-1]"来填充动态规划表，如果它们相等，则当前位置的最长公共子序列长度就是左上角位置的值加 1；否则，它就是上方位置和左方位置中的较大值。

第六节 贪 心 算 法

一、贪心算法的原理

贪心算法(又称贪婪算法)是一种在每一步选择中都采取当前状态下最好或最优(即最有利)的选择,从而希望导致结果是全局最好或最优的算法。贪心算法在有最优子结构的问题中尤为有效。最优子结构的意思是局部最优解能决定全局最优解。简单地说,就是原问题能够分解成多个子问题,子问题和原问题在结构上相同或类似,只不过规模不同。通过解决子问题,再合并子问题的解决方案,从而达到解决原问题的目的。

贪心算法的基本原理是:

(1)建立数学模型来描述问题。

(2)把求解的问题分成若干个子问题。

(3)对每一子问题求解,得到子问题的局部最优解。

(4)把子问题的局部最优解合成原来解问题的一个解。

贪心算法的核心是贪心策略的选择,即选择什么样的局部最优解可以使全局达到最优。这种策略选择必须具有无后效性,即某个状态以前的过程不会影响以后的状态,只与当前状态有关。

需要注意的是,贪心算法并不总是能得到全局最优解,它对问题的要求比较高,需要问题具有贪心选择性质和最优子结构性质。对于一些问题,如背包问题、活动选择问题等,贪心算法能够得到全局最优解;而对于另外一些问题,如旅行商问题、图的着色问题等,贪心算法则无法得到全局最优解,只能得到近似解。因此,在应用贪心算法时,需要对问题的性质和结构进行深入分析和理解。

二、贪心算法的应用领域

贪心算法的应用领域非常广泛,包括但不限于以下几个方面。

第一,最短路径问题。在地图导航、网络路由等领域中,经常需要找到两个地点之间的最短路径。贪心算法通过每次都选择距离最近的路线来求解最短路径问题。

第二，最小生成树问题。在通信网络、电路设计等领域中，经常需要构建一个连接所有节点的最小成本网络。贪心算法通过每次都选择权值最小的边来构建最小生成树。

第三，背包问题。在物流管理、资源分配等领域中，经常需要在有限的容量或预算下，选择价值最大的物品或任务。贪心算法通过每次都选择单位重量价值最高的物品或单位时间收益最大的任务来求解背包问题。

第四，哈夫曼编码。在数据压缩、通信传输等领域中，需要有效地编码和解码数据。贪心算法通过每次都选择频率最高的字符来构建哈夫曼树，从而实现数据的高效压缩和传输。

第五，排程问题。在生产调度、任务规划等领域中，需要合理地安排任务和资源的分配，以达到最优的效率或成本。贪心算法通过局部最优的选择来逐步构建全局最优的排程方案。

需要注意的是，贪心算法并不总是能得到全局最优解，但在很多实际问题中，它可以提供快速且接近最优的解。因此，在求解实际问题时，需要权衡算法的速度、准确性和可行性等因素，选择最适合的算法来解决问题。

三、贪心算法的应用示例

以下是 Python 实现贪心算法的两个应用示例：找零钱问题（change-making problem）和作业调度问题（job scheduling problem）。

1. 找零钱问题

找零钱问题是一个经典的贪心算法应用，给定一定数量的硬币面额和需要找零的金额，要求使用最少的硬币数量来完成找零。

```python
def greedy_change(money, denominations):
    denominations. sort(reverse = True)    # 按照面额从大到小排序
    change = [ ]
    for coin in denominations:
        while money >= coin:
            change. append(coin)
            money -= coin
```

```
    return change
```

\# 测试函数

```
money = 63
denominations = [1, 5, 10, 25]
coins = greedy_change(money, denominations)
print(f"找零方案：{coins}，总共使用了{len(coins)}枚硬币")
```

注意：这个贪心策略只在硬币面额是特定组合(如美国的硬币体系)时才能保证得到最优解。对于其他硬币体系，可能需要动态规划等算法来保证得到最优解。

2. 作业调度问题

作业调度问题是一个关于如何安排一组作业以最小化完成时间的问题。一个简单的版本是，给定一组作业，每个作业都有一个截止时间和一个利润，要求在不超过截止时间的情况下选择作业以最大化总利润。

这里我们使用一个简化的贪心策略：每次选择截止时间最早且利润最高的作业。

```
def job_scheduling(jobs):
    jobs.sort(key=lambda x: x[1])   # 按照截止时间排序
    selected_jobs = []
    current_time = 0
    for job in jobs:
        deadline, profit = job
        if current_time <= deadline:
            selected_jobs.append(job)
            current_time += 1
        else:
            # 如果超过了截止时间，尝试替换已选作业中利润最低的作业
            min_profit_index = selected_jobs.index(min(selected_jobs, key=lambda x: x[1]))
```

```
                  if profit > selected_jobs[min_profit_index][1]:
                      selected_jobs[min_profit_index] = job
          return sum(profit for _, profit in selected_jobs)
```

测试函数
```
jobs = [(3, 10), (2, 5), (1, 8), (4, 12), (6, 9)]   # (截止时间, 利润)
max_profit = job_scheduling(jobs)
print(f"最大利润：{max_profit}")
```

注意：这个示例中的贪心策略并不总是能得到最优解，因为它没有考虑到可能存在的更优组合。在实际的作业调度问题中，可能需要考虑更复杂的策略或者使用动态规划等方法来求解。

正确的贪心策略应该是基于"最早结束时间"或者"最高单位时间利润"来选择作业。前面的代码示例中的策略并不准确，因为它没有正确地实现这些策略。在实际应用中，需要根据问题的具体要求来设计合适的贪心策略。

第七节　回　溯　算　法

一、回溯算法的原理

回溯算法实际上是一个类似枚举的搜索尝试过程，主要是在搜索尝试过程中寻找问题的解，当发现已不满足求解条件时，就"回溯"返回，尝试别的路径。回溯法是一种选优搜索法，按选优条件向前搜索，以达到目标。当探索到某一步时，发现原先的选择并不优或达不到目标，就退回一步重新选择，这种走不通就退回再走的技术为回溯法，而满足回溯条件的某个状态的点称为"回溯点"。

在问题的解空间中，回溯算法使用深度优先策略进行搜索。具体来说，它从一个根节点开始，搜索解空间树。当算法搜索到解空间的某一节点时，它首先判断该节点是否包含问题的解。如果确定该节点不包含解，那么它将放弃对该节点及其子树的进一步搜索，而是回溯到该节点的父节点，进而探索其他的搜索路径。

这个过程会一直持续到找到问题的解或者搜索完所有的可能路径。如果问题是要求所有解，那么回溯算法必须回溯到根节点，并且确保根节点的所有子树都已经被搜索过。如果问题是要求一个解，那么回溯算法在找到第一个解时就可以结束搜索。

总的来说，回溯算法的核心思想是通过不断地"前进"和"回溯"来寻找问题的解。这种算法在处理诸如组合问题、排列问题、图的着色问题、旅行商问题等具有多个可能解的问题时非常有效。

二、回溯算法的应用领域

回溯算法的应用领域非常广泛，它可以用来解决许多不同类型的问题。以下是几个具体的应用领域及其详细描述。

一是组合问题。回溯算法常用于解决组合问题，如从 N 个数中按一定规则找出 k 个数的集合。这类问题通常需要枚举所有可能的组合，回溯算法可以通过深度优先搜索的方式遍历所有可能的解，从而找到满足条件的组合。

二是排列问题。排列问题也是回溯算法的一个常见应用领域。例如，N 个数按一定规则进行全排列，求出有几种排列方式。这类问题可以通过回溯算法进行求解，通过不断地交换元素的位置来生成所有可能的排列，然后判断每个排列是否满足特定的条件。

三是搜索问题。回溯算法也常用于解决搜索问题，特别是在需要大规模遍历操作的情况下。例如，在一个图中搜索从起点到终点的所有路径，或者在一个字符串中按一定规则搜索所有可能的子串。这些问题都可以通过回溯算法进行求解，通过深度优先搜索遍历所有可能的路径或子串，直到找到目标或遍历完整个解空间。

四是棋盘问题。棋盘问题是回溯算法的另一个重要应用领域。例如，N 皇后问题就是一个经典的棋盘问题，它要求在一个 $N \times N$ 的棋盘上放置 N 个皇后，使得任意两个皇后都不能处于同一行、同一列或同一对角线上。回溯算法可以通过逐步放置皇后并检查是否满足条件来解决这类问题，如果不满足条件则进行回溯并尝试其他的放置方式。

除了以上几个领域外，回溯算法还可以应用于其他许多问题，如子集问题（求一个 N 个数的集合里有多少符合条件的子集）、正则表达式匹配、编译原理中的语法分析等。这些问题都可以通过回溯算法进行求解，通过深度优先搜索遍历所有可能的解并检查是否满足特定的条件或规则。

三、回溯算法的应用示例

下面是 Python 实现回溯算法的两个应用示例,用于解决经典的"*N* 皇后"问题和八数码问题(滑块拼图)。

1. *N* 皇后问题

N 皇后问题是一个经典的棋盘问题,要求在一个 *N*×*N* 的棋盘上放置 *N* 个皇后,使得任意两个皇后都不能处于同一行、同一列或同一对角线上。

```python
def solve_n_queens(n):
    def is_valid(board, row, col):
        # 检查列上是否有皇后冲突
        for i in range(row):
            if board[i] == col:
                return False
        # 检查左上方对角线是否有皇后冲突
        for i, j in zip(range(row-1, -1, -1), range(col-1, -1, -1)):
            if i >= 0 and j >= 0 and board[i] == j:
                return False
        # 检查右上方对角线是否有皇后冲突
        for i, j in zip(range(row-1, -1, -1), range(col+1, n)):
            if i >= 0 and j < n and board[i] == j:
                return False
        return True


    def backtrack(board, row):
        if row == n:
            # 找到了一组解,将棋盘状态加入结果列表
            result.append(board[:])
            return
```

```
        for col in range(n):
            if is_valid(board, row, col):
                # 放置皇后，并继续探索下一行
                board[row] = col
                backtrack(board, row+1)

    result = []
    backtrack([-1] * n, 0)    # 从第一行开始搜索
    return result


# 测试函数
n = 4
solutions = solve_n_queens(n)
for solution in solutions:
    print(solution)


# 输出解的可视化形式(可选)
def print_board(board):
    for i in range(n):
        row = ['. ' for _ in range(n)]
        row[board[i]] = 'Q '
        print(''.join(row))
    print(" \ n")


for solution in solutions:
    print_board(solution)
```

在上面的代码中,"solve_n_queens"函数是求解 N 皇后问题的主函数。它定义了两个内部辅助函数:"is_valid"用于检查在给定的行和列上放置皇后是否合法,backtrack 用于执行回溯搜索。"solve_n_queens"初始化一个表示棋盘状态的列表 board,其中每个元素表示相应行上皇后的列位置,初始值为-1 表示该行还

没有放置皇后。然后调用 backtrack 函数从第一行开始搜索解。

搜索过程中，backtrack 函数尝试在每一行的每一列上放置皇后，并通过调用"is_valid"函数来检查是否合法。如果合法，则递归调用 backtrack 函数继续探索下一行。当"row＝＝n"时，表示已经成功放置了 N 个皇后，此时将当前棋盘状态加入结果列表。

最后，测试代码部分调用了"solve_n_queens"函数，并将找到的解打印出来。另外，还提供了一个可选的"print_board"函数，用于以可视化的形式打印棋盘状态。

2. 八数码问题(滑块拼图)

八数码问题(滑块拼图)是一个经典的搜索问题，目标是通过滑动数字方块来将一个 3×3 的格子从初始状态变换到目标状态。

```python
def is_goal(state):
    """判断当前状态是否为目标状态"""
    goal=[1, 2, 3, 4, 5, 6, 7, 8, 0]    # 假设 0 在最后的位置
    return state ＝＝ goal


def find_blank(state):
    """找到空白格的位置"""
    return state.index(0)


def move(state, direction):
    """根据方向移动空白格，并返回新的状态"""
    blank_index=find_blank(state)
    blank_row, blank_col=divmod(blank_index, 3)    # 假设是 3×3 的格子

    # 根据方向计算新的行列坐标
    if direction ＝＝ 'up':
        new_row=max(blank_row － 1, 0)
        new_col=blank_col
```

```
    elif direction = = 'down':
        new_row = min(blank_row+1, 2)
        new_col = blank_col
    elif direction = = 'left':
        new_row = blank_row
        new_col = max(blank_col - 1, 0)
    elif direction = = 'right':
        new_row = blank_row
        new_col = min(blank_col+1, 2)
    else:
        raise ValueError("Invalid direction")

    # 计算新的索引, 并交换空白格与相邻格的位置
    new_index = new_row * 3+new_col
    new_state = state[:]
    new_state[blank_index], new_state[new_index] = new_state[new_index],
new_state[blank_index]
    return new_state


def solve(state):
    """使用回溯算法解决八数码问题"""
    if is_goal(state):
        return [state]    # 已经达到目标状态

    moves = []    # 保存移动方向
    result = None    # 保存结果状态序列

    # 尝试四个方向的移动
    for direction in ['up', 'down', 'left', 'right']:
        new_state = move(state, direction)
```

```
            if new_state is not None and new_state not in moves：    # 避免重复
状态
                moves. append(new_state)
                partial_result = solve(new_state)    # 递归搜索
                if partial_result is not None：
                    partial_result. append(new_state)    # 将当前状态添加到结
果序列中
                    result = partial_result
            moves. pop()    # 回溯，移除最后添加的状态
                break    # 找到解，停止搜索


    return result


# 初始状态
initial_state = [1, 2, 3, 0, 4, 6, 7, 5, 8]    # 假设 0 可以移动
# 调用 solve 函数
solution = solve(initial_state)


# 输出解
if solution is not None：
    print("Solution found：")
    for state in solution：
        print(state)
else：
    print("No solution found. ")
```

请注意，上述代码中的 solve 函数是递归实现的，并且在找到一个解之后会立即返回。此外，为了避免重复搜索相同的状态，我们使用了一个简单的列表 moves 来保存已经访问过的状态。然而，这种方法不是最优的，因为它不能有效处理所有可能的状态(状态空间可能非常大)。在实际应用中，通常会使用更高级的数据结构(如哈希表)和算法优化(如启发式搜索)来提高效率。

另外，值得注意的是，八数码问题有一些初始状态是无解的。前述代码没有检查无解的情况，因此如果给定的初始状态无解，它将陷入无限递归。在实际应用中，应该实现一个检查来避免这种情况。

第八节　分治算法

一、分治算法的原理

分治算法的原理是将一个规模为 N 的问题分解为 K 个规模较小的子问题，这些子问题相互独立且与原问题性质相同。通过递归解决这些子问题，然后将它们的解合并，从而得到原问题的解。这种算法的设计思想是，将一个难以直接解决的大问题，分割成一些规模较小的相同问题，以便各个击破，分而治之。

具体来说，分治算法通常包括以下步骤。

第一步，分解。将原问题分解为若干个规模较小、相互独立、与原问题形式相同的子问题。子问题的规模应该足够小，以便能够直接求解或递归地求解。

第二步，解决子问题。对每个子问题进行求解。如果子问题的规模仍然较大，就可以继续使用分治策略，将子问题进一步分解为更小的子问题，直到可以直接求解为止。

第三步，合并。将子问题的解合并为原问题的解。这一步通常需要一些额外的计算或处理，以确保合并后的解是正确的。

需要注意的是，分治算法并不总是适用于所有问题。它需要满足一定的条件，如问题可以被有效地分解为子问题，子问题可以被独立求解，子问题的解可以被合并为原问题的解，等等。此外，分治算法的效率也取决于问题的规模和子问题的数量，因此在选择算法时需要综合考虑这些因素。

一些常见的分治算法包括归并排序、快速排序、堆排序、快速傅里叶变换等。这些算法都采用了分治的思想，通过将问题分解为更小的子问题来简化问题的求解过程。

二、分治算法的应用领域

分治算法是一种重要的算法设计策略，在计算机科学中有着广泛的应用。以下是一些分治算法的应用领域。

排序和搜索：分治算法在排序和搜索领域有着广泛的应用。例如，归并排序和快速排序就是典型的分治算法，它们通过递归将数组分成更小的部分，对每一部分进行排序，然后将结果合并起来，从而实现对整个数组的排序。此外，在搜索问题中，分治算法可以用来加速搜索过程，如二分搜索算法。

图像处理：分治算法在图像处理中也有着重要的应用。例如，在图像压缩和图像分割等问题中，可以使用分治算法将图像分成更小的块，对每个块进行处理，然后将结果合并起来，从而实现对整个图像的处理。

计算几何：在计算几何领域，分治算法可以用来解决一些复杂的问题，如凸包问题和最近点对问题等。通过将问题分解为更小的子问题，并使用递归与合并的技术，可以有效地解决这些问题。

机器学习：在机器学习中，分治算法也被广泛应用。例如，决策树算法就采用了分治的思想，通过将数据集分成更小的子集，并对每个子集进行训练，从而构建整个决策树。

数值计算：在数值计算领域，分治算法可以用来加速一些复杂的计算过程。快速傅里叶变换(FFT)就是一种基于分治算法的高效计算方法，它被广泛应用于信号处理、图像处理等领域。

需要注意的是，虽然分治算法在很多领域有着广泛的应用，但它并不总是适用于所有问题。在使用分治算法时，需要仔细分析问题的性质和规模，以确定是否适合使用分治策略，并选择合适的算法来实现。

三、分治算法的应用示例

在 Python 中，分治算法可以通过多种方式实现，以解决不同的问题。以下是分治算法的两个应用示例：归并排序(merge sort)和快速排序(quick sort)。

1. 归并排序(merge sort)

归并排序是分治算法的一个经典例子。它将一个数组分成两个较小的子数组，分别对它们进行排序，然后将两个已排序的子数组合并成一个有序的数组。

```python
def merge_sort(arr):
    if len(arr) <= 1:
```

```python
        return arr
    mid = len(arr) // 2
    left_half = arr[: mid]
    right_half = arr[mid:]

    return merge(merge_sort(left_half), merge_sort(right_half))


def merge(left, right):
    merged = []
    left_index = 0
    right_index = 0

    # Merge smaller elements first
    while left_index < len(left) and right_index < len(right):
        if left[left_index] <= right[right_index]:
            merged. append(left[left_index])
            left_index += 1
        else:
            merged. append(right[right_index])
            right_index += 1

    # If there are remaining elements in either half, append them to the result
    while left_index < len(left):
        merged. append(left[left_index])
        left_index += 1
    while right_index < len(right):
        merged. append(right[right_index])
        right_index += 1

    return merged
```

```
# Example usage
arr = [38, 27, 43, 3, 9, 82, 10]
sorted_arr = merge_sort(arr)
print(sorted_arr)    # Output：[3, 9, 10, 27, 38, 43, 82]
```

2. 快速排序(quick sort)

快速排序也是分治算法的一个著名应用。它选择一个"基准"元素，并将数组分成两个子数组：一个包含比基准小的元素，另一个包含比基准大的元素。然后，对这两个子数组递归应用快速排序算法。

```
def quick_sort(arr)：
    if len(arr) <= 1：
        return arr
    pivot = arr[len(arr) // 2]
    left = [x for x in arr if x < pivot]
    middle = [x for x in arr if x == pivot]
    right = [x for x in arr if x > pivot]
    return quick_sort(left) + middle + quick_sort(right)
```

```
# Example usage
arr = [3, 6, 8, 10, 1, 2, 1]
sorted_arr = quick_sort(arr)
print(sorted_arr)    # Output：[1, 1, 2, 3, 6, 8, 10]
```

请注意，上述快速排序的实现并不是最优的，因为它使用了额外的空间来创建新的列表。在实际应用中，通常会使用"原地"版本的快速排序，该版本直接在输入数组上进行操作，而不需要额外的空间。

这两个例子展示了分治算法如何通过将问题分解为更小的子问题来简化问题的解决过程。归并排序和快速排序都是高效且广泛使用的排序算法，它们利用分治策略来减少排序问题的复杂性。

第六章　人工智能技术

机器学习和人工智能技术是当今科技领域最热门的话题之一，而 Python 是实现这些技术的最常用编程语言之一。

Python 是一种高级编程语言，具有简单易学、语法清晰、易于阅读和维护等优点。Python 拥有强大的科学计算库和机器学习库，如 NumPy、Pandas、Matplotlib、Scikit-learn 等，这些库可以帮助开发人员快速构建高效的机器学习模型，并进行数据分析和可视化。

在人工智能领域，Python 也被广泛应用。Python 可以轻松地与各种深度学习框架(如 TensorFlow、Keras、PyTorch 等)进行集成，使开发人员可以更加便捷地构建和训练神经网络模型，从而实现各种复杂的人工智能任务，如自然语言处理、图像识别、语音识别等。

总之，Python 是一种非常适合机器学习和人工智能技术的编程语言，它可以帮助开发人员快速构建高效的模型，并进行数据分析和可视化。如果您对机器学习和人工智能技术感兴趣，并且想要掌握这些技术，那么学习 Python 是一个非常好的选择。

第一节　Python 人工智能技术概述

Python 在人工智能(artificial intelligence，AI)领域有着广泛的应用，主要得益于简单易学、灵活性强的特点，以及丰富的库和框架支持。以下是一些关于 Python 在 AI 方面的主要应用和技术。

一是机器学习。Python 提供了许多流行的机器学习库，如 Scikit-Learn、TensorFlow 和 PyTorch 等。这些库提供了各种算法和工具，使得构建和训练机器学习模型变得更加简单。Scikit-Learn 是一个广泛使用的机器学习库，支持各种监督和无监督的学习算法。使用 Scikit-Learn，开发人员可以轻松地构建和训练模型，进行数据预处理和特征提取等常见任务。

二是深度学习。深度学习是人工智能的一个分支，它使用神经网络来模拟人脑的学习过程。Python 中的 TensorFlow 和 PyTorch 等库提供了强大的深度学习功能，可以用于构建和训练复杂的神经网络模型。

三是自然语言处理（natural language processing，NLP）。NLP 是人工智能的一个子领域，专注于处理和理解人类语言。Python 中的 NLTK 和 SpaCy 等库提供了许多 NLP 工具和技术，可以用于文本分析、情感分析、语音识别等任务。

四是数据分析和可视化。Python 也是数据分析和可视化的常用语言，它提供了 Pandas、NumPy 和 Matplotlib 等库，可以用于数据清洗、数据处理、统计分析及生成各种图表和可视化效果。

总的来说，Python 在人工智能领域的应用非常广泛，从机器学习、深度学习到自然语言处理和数据分析等方面都有涉及。这些技术和工具使得 Python 成为 AI 开发中最受欢迎的编程语言之一。

第二节　Python 机器学习

一、机器学习的概述

机器学习是一门跨学科领域，涉及概率论、统计学、逼近论、凸分析、算法复杂度理论等学科。它是人工智能（AI）的一个重要分支，并被认为是实现人工智能的一种途径。机器学习的主要目标是让计算机系统从数据中"学习"并提取有用的信息和知识，然后根据这些信息和知识进行决策和预测，而无须进行明确的编程。

机器学习的方法和技术可以分为许多种类，包括监督学习、无监督学习和半监督学习等。监督学习是指利用已知结果的数据集进行训练，使模型能够对新数据进行预测。无监督学习是指在没有已知结果的情况下，让模型从数据中自行发现结构和模式。半监督学习则结合了监督学习和无监督学习的特点，同时使用标记和未标记的数据进行训练。

机器学习的应用非常广泛，包括图像和语音识别、自然语言处理、推荐系统、智能控制、医疗诊断、金融预测等。随着技术的不断发展和数据量的不断增加，机器学习的应用场景也在不断扩展和深化。

需要注意的是，机器学习并不是万能的，它也有自己的局限性和挑战。例如，机器学习模型的可解释性通常较差，难以解释模型的决策过程和输出结果；同时，机器学习也需要大量的高质量数据进行训练，对于一些数据量较少或者数据质量较差的任务，机器学习的效果可能受到限制。

总的来说，机器学习是一门非常重要和前沿的技术领域，它正在不断地改变我们的生活和工作方式，并为我们带来更多的便利和机会。

二、Python 实现机器学习的相关技术

Python 在机器学习领域具有显著的优势，主要是其生态系统中有大量专门为机器学习设计的库和工具。以下是一些 Python 中常用的机器学习库和相关的概念。

1. Scikit-learn

这是一个非常流行的 Python 机器学习库，提供了简单而高效的工具，用于数据挖掘和数据分析。它包含了各种分类、回归和聚类算法，包括支持向量机（SVM）、随机森林、K 均值等，且提供了数据预处理、模型选择、调参和可视化的功能。

2. TensorFlow

TensorFlow 最初由谷歌（Google）开发，是一个用于高性能数值计算的开源库。它支持深度学习和其他机器学习应用，并允许在 CPU、GPU 和 TPU 上训练模型。TensorFlow 提供了高级别的 API（application programming interface），如 Keras，使得构建和训练神经网络更加简单。

3. PyTorch

PyTorch 是另一个广泛使用的深度学习库，由 Facebook 的 AI 研究团队开发。PyTorch 以灵活性和动态计算图而闻名，非常适合快速原型设计和研究。PyTorch 同样支持 CPU 和 GPU 计算，并且有一个活跃的社区和丰富的生态系统。

4. Keras

Keras 是一个高级神经网络 API，可以运行在 TensorFlow、Microsoft-CNTK、Theano 上。它旨在简化深度学习模型的开发，允许快速实验和原型设计。Keras 提供了用户友好的 API，可以轻松地构建和训练复杂的深度学习模型。

5. XGBoost

XGBoost 是一个优化的分布式梯度提升库，设计用于高效、灵活和便携的机器学习。它在许多机器学习竞赛中表现出色，并广泛应用于工业界。XGBoost 支持各种目标函数，包括分类、回归和排序等。

6. Pandas 和 NumPy

Pandas 和 NumPy 虽然不是专门的机器学习库，但它们在机器学习工作流程中至关重要。Pandas 提供了数据处理和分析的高级数据结构，而 NumPy 是数值计算的基础库。这两个库通常用于数据清洗、特征工程、数据分析和模型评估等任务。

7. Matplotlib 和 Seaborn

Matplotlib 和 Seaborn 是 Python 的数据可视化库，用于绘制图表和图形。在机器学习中，它们通常用于探索性数据分析（exploratory data analysis，EDA）和模型结果的可视化。

使用 Python 进行机器学习的基本步骤通常包括：

- 收集数据
- 数据清洗和预处理
- 特征工程
- 选择模型并进行训练
- 模型评估和优化
- 部署模型

Python 的机器学习生态系统不断发展，新的库和工具不断涌现，为数据科学家和机器学习工程师提供了丰富的选择。

三、Python 机器学习的应用场景

Python 在机器学习领域具有广泛的应用场景，以下是一些常见的应用场景。

一是图像识别和处理。通过机器学习算法，Python 可以用于图像分类、目标检测、人脸识别等任务。卷积神经网络(convolutional neural networks，CNN)是图像处理中常用的深度学习模型，Python 库如 TensorFlow 和 PyTorch 提供了构建和训练 CNN 的便捷工具。

二是自然语言处理(NLP)。Python 在自然语言处理领域也有广泛应用。通过机器学习技术，可以实现文本分类、情感分析、语义理解、机器翻译等功能。Python 库如 NLTK、SpaCy 和 Transformers 等提供了 NLP 相关的工具和预训练模型。

三是预测建模。Python 的机器学习库如 Scikit-learn、XGBoost 和 LightGBM 等，可以用于构建各种预测模型，如线性回归、决策树、随机森林、梯度提升等。这些模型可以应用于时间序列预测、销售预测、股票价格预测等场景。

四是推荐系统。Python 也常用于构建推荐系统。通过机器学习算法，可以分析用户的历史行为和偏好，为用户推荐相关的产品或内容。推荐算法包括协同过滤(collaborative filtering)、内容过滤(content filtering)和混合过滤(hybrid filtering)等，Python 库如 Surprise 和 TensorFlow Recommenders 提供了构建推荐系统的工具。

五是异常检测。在金融、安全等领域，异常检测是一项重要任务。Python 的机器学习算法可以用于检测欺诈行为、网络攻击等异常情况。常见的异常检测算法包括孤立森林、一类支持向量机和自编码器等。

六是自动化和智能化。Python 机器学习还可以应用于自动化和智能化领域。例如，通过机器学习算法实现自动化驾驶、智能家居控制、工业自动化等。此外，Python 还可以与机器人技术结合，实现机器人的自主导航、目标跟踪和人机交互等功能。

七是数据分析和可视化。数据分析和可视化虽然不属于典型的机器学习应用场景，但 Python 在数据分析和可视化方面的强大功能对机器学习项目至关重要。使用 Python 的 Pandas、NumPy 和 Matplotlib 等库，可以对数据进行清洗、处理、分析和可视化展示，帮助人们更好地理解数据和模型性能。

这些应用场景只是 Python 在机器学习领域中的一部分，实际上，随着技术的不断发展和创新，Python 机器学习的应用场景还将不断扩大和深化。以下几个部分将着重介绍 Python 实现人工智能技术相关技术的应用场景。

第三节　Python 人脸检测技术

一、人脸识别技术概述

人脸识别技术是基于人的脸部特征信息进行身份识别的一种生物识别技术。它用摄像机或摄像头采集含有人脸的图像或视频流，并自动在图像中检测和跟踪人脸，进而对检测到的人脸进行脸部识别的一系列相关技术。人脸识别系统主要包括人脸图像采集、人脸定位、人脸识别预处理、身份确认及身份查找等技术。

人脸识别系统的工作流程主要包括以下几个步骤。

第一步，人脸检测。系统会在输入的图像或视频流中自动搜索并定位人脸区域。这一步骤是人脸识别的基础，其准确性直接影响到后续识别过程的效果。

第二步，人脸预处理。在检测到人脸后，系统会对人脸图像进行预处理，包括灰度校正、噪声过滤、归一化等操作，以提高图像质量并消除一些干扰因素。

第三步，特征提取。系统会从预处理后的人脸图像中提取出能够表征人脸特征的信息，如面部轮廓、眼睛、鼻子、嘴巴等部位的形状、大小、位置。这些特征信息将用于后续的人脸比对和识别。

第四步，人脸比对和识别。系统将提取出的人脸特征与已知的人脸特征数据库进行比对，根据相似程度判断待识别的人脸的身份。如果比对结果超过设定的阈值，系统就会认为找到了匹配的人脸，并输出相应的身份信息。

人脸识别技术具有广泛的应用前景，可被应用于公共安全、身份验证、访问控制、支付、社交媒体等领域。例如，在公共安全领域，人脸识别技术可以帮助警方快速识别犯罪嫌疑人；在身份验证领域，它可以用于手机解锁、门禁系统；在支付领域，它可以实现刷脸支付等便捷功能；等等。

然而，人脸识别技术也面临着一些挑战和限制。例如，光照变化、表情变化、遮挡物等因素都可能影响识别的准确性；同时，隐私和安全问题也是人脸识别技术需要关注的重要方面。因此，在实际应用中，需要综合考虑各种因素，采取适当的技术手段和管理措施，以确保人脸识别技术的准确性和安全性。

二、Python 实现人脸识别技术

人脸检测技术是计算机视觉领域的一个重要应用，它能够在图像或视频中自动定位并识别出人脸的位置。Python 作为一种强大的编程语言，在人脸检测方面有着广泛的应用，并且拥有许多优秀的库和框架来支持这项任务。

以下是在 Python 中进行人脸检测时常用的一些库和工具。

OpenCV：OpenCV（open source computer vision library）是一个开源的计算机视觉库，提供了大量图像处理和计算机视觉功能。它包含了多种人脸检测算法，如 Haar 特征级联分类器（Haar cascade classifiers）和基于深度学习的方法（如 DNN 模块中的 SSD 或 MTCNN）。使用 OpenCV，人们可以轻松地加载预训练的人脸检测模型，并在图像或视频流中检测人脸。

Dlib：Dlib 是一个包含机器学习算法的 C++库，也提供了 Python 接口。它包含了一个基于 histogram of oriented gradients（HOG）特征和支持向量机（SVM）的人脸检测器，以及更现代的基于深度学习的方法。Dlib 的人脸检测模块非常快速且准确，还支持人脸关键点检测（即面部特征点定位）。

face_recognition：这是一个基于 Dlib 的 Python 库，专门用于人脸检测和识别。它提供了一个简单易用的 API，能够处理人脸检测、人脸关键点定位及人脸识别等任务。尽管它建立在 Dlib 上，但它通过提供更高层次的抽象和方便的 API 来简化人脸检测的实现。

TensorFlow/Keras 和 PyTorch：这两个深度学习框架也可以用于人脸检测。通过使用预训练的深度学习模型［如 MTCNN、single shot multibox detector（SSD）、Faster R-CNN 等］，人们可以在自定义的数据集上训练人脸检测器，或者利用迁移学习来改进现有模型。

Face-api. js（对于 Web 开发）：虽然这不是 Python 库，但值得一提的是，"face-api. js"是一个基于 JavaScript 的库，可以在 Web 浏览器中实现人脸检测和其他人脸分析任务。如果正在开发 Web 应用，并且需要在客户端进行人脸检测，"face-api. js"是一个很好的选择。

在使用这些库时，请确保计算机已经安装了相应的 Python 包，并且根据项目需求选择合适的工具。对于大多数应用来说，OpenCV 和 Dlib 是非常流行且功

能强大的选择。如果对深度学习感兴趣，并且想要尝试更先进的模型，那么 TensorFlow 或 PyTorch 可能更适合。

三、使用 Dlib 进行人脸检测

使用 Dlib 进行人脸检测可以通过以下步骤来完成。

第一步，安装 Dlib 库。可以使用 pip 来安装 Dlib。在命令行中输入以下命令：pip install dlib，则会自动下载并安装 Dlib 库及其依赖项。

第二步，加载人脸检测器。Dlib 提供了多种人脸检测器，其中最常用的是基于 histogram of oriented gradients（HOG）特征和支持向量机（SVM）的检测器。可以通过以下代码加载该检测器：

```
import dlib
detector = dlib. get_frontal_face_detector( )
```

如果想要使用基于深度学习的人脸检测器，可以加载 CNN 模型，但需要注意的是，这需要额外的模型和计算资源：

```
detector = dlib. cnn_face_detection_model_v1('mmod_human_face_detector. dat')
```

上面的代码中，'mmod_human_face_detector. dat' 是深度学习模型的路径，需要先下载这个模型文件。

第三步，加载图像。使用 OpenCV 或 PIL 等库加载要进行人脸检测的图像。

第四步，进行人脸检测。调用检测器的 detect 方法，在图像中检测人脸。这个方法会返回一个矩形列表，每个矩形表示检测到的一个人脸。

```
import cv2
# 假设已经加载了图像到变量 img 中
# 使用 OpenCV 加载图像，注意 OpenCV 加载图像默认是 BGR 格式
img = cv2. imread('path_to_your_image. jpg')
# 将图像转为灰度图，因为人脸检测通常在灰度图上进行
gray = cv2. cvtColor( img, cv2. COLOR_BGR2GRAY)
# 使用 Dlib 进行人脸检测
faces = detector( gray)
# 绘制检测到的人脸矩形框
for rect in faces：
```

x，y，w，h＝rect. left( )，rect. top( )，rect. width( )，rect. height( )

cv2. rectangle(img，(x，y)，(x+w，y+h)，(0，255，0)，2)

显示结果

cv2. imshow("Detected Faces"，img)

cv2. waitKey(0)

cv2. destroyAllWindows( )

第五步，可选。如果还想进行人脸关键点检测(面部特征点定位)，可以加载 Dlib 提供的 shape_predictor 模型，并使用它来预测关键点位置。

predictor＝dlib. shape_predictor("shape_predictor_68_face_landmarks. dat")

在检测到的人脸矩形上预测关键点

for rect in faces：

　　shape＝predictor(gray，rect)

　　# 可以使用 shape 对象来获取关键点的位置信息

　　# 例如，打印第一个关键点的坐标

　　print(shape. part(0))

同样，需要先下载 shape_predictor_68_face_landmarks. dat 模型文件。

以上是使用 Dlib 进行人脸检测的基本步骤，当然，我们可以根据自己的需求进行调整和扩展。请注意，Dlib 还提供了其他人脸分析功能，如人脸识别和表情识别，可以根据需要使用相应的模型和 API。

四、选择模型加载器进行人脸检测

在选择用于人脸检测的模型加载器时，主要取决于我们的具体需求、计算资源及所追求的准确性。Dlib 提供了多种人脸检测器，每种都有其特点。

1. HOG-based detector (histogram of oriented gradients)

优点：相对较快，对于正面和接近正面的人脸检测效果较好。

缺点：对于侧脸、遮挡或极端姿态的人脸检测效果可能不佳。

使用场景：适用于实时性要求较高且人脸姿态变化不大的场景。

2. CNN-based detector（convolutional neural network）

优点：准确性高，可以检测多种姿态和遮挡情况下的人脸。

缺点：相对于 HOG 检测器，计算量较大，速度较慢。

使用场景：适用于准确性要求较高，可以容忍一定延迟的场景，如安防监控、人脸识别系统等。

3. MMOD detector（max-margin object detection）

优点：Dlib 中较新的人脸检测器，结合了传统方法和深度学习的优势，准确性和速度都有不错的表现。

缺点：可能需要更多的计算资源。

使用场景：适用于需要平衡准确性和实时性的场景。

在 Dlib 中加载这些检测器的方式如下：

HOG-based detector：

detector = dlib. get_frontal_face_detector（）

CNN-based detector：

需要先下载模型文件（如 mmod_human_face_detector. dat），然后加载它：

detector = dlib. cnn_face_detection_model_v1（'mmod_human_face_detector. dat'）

MMOD detector：

与 CNN-based detector 类似，需要先下载相应的模型文件，并使用 dlib. face_recognition_model_v1 进行加载，但请注意，MMOD 通常用于更复杂的对象检测任务，而不仅仅是人脸。在 Dlib 的更新版本中，MMOD 可能已经被整合到了更通用或更特定的人脸检测模型中。

如果应用场景对实时性要求较高，且人脸姿态变化不大，可以选择 HOG-based detector。如果追求更高的准确性，并且可以接受一定的速度损失，那么 CNN-based detector 可能更适合。同时，还可以考虑结合多种检测器以提高整体的准确性和鲁棒性。

最后，请注意，随着时间的推移，Dlib 库可能更新和改进其人脸检测器，因此建议查阅最新的 Dlib 文档以获取最新的信息和最佳实践。

五、Python 实现人脸识别技术的应用示例

人脸识别技术是一种基于人的脸部特征信息进行身份认证的生物识别技术。在 Python 中，我们可以使用 OpenCV 和 Dlib 等库来实现人脸识别。下面是一个简单的示例，说明如何使用 OpenCV 和 Dlib 库在 Python 中实现人脸识别。

首先，确保安装了必要的库。可以使用 pip 来安装：

```
pip install opencv-python

pip install dlib

pip install face_recognition

pip install numpy
```

然后，可以使用以下代码来实现人脸识别：

```python
import cv2

import face_recognition

import numpy as np


# 加载已知人脸的图像和名字

known_image = face_recognition. load_image_file("known_person. jpg")

known_face_encoding = face_recognition. face_encodings(known_image)[0]


known_faces = [

    known_face_encoding,

]

known_names = [

    "Known Person",

]


# 初始化摄像头

video_capture = cv2. VideoCapture(0)


while True:
```

```
# 从摄像头读取图像
ret, frame = video_capture. read( )

# 将图像从 BGR 格式转换为 RGB 格式
rgb_frame = frame[ :, :, :: -1]

# 找到图像中所有的人脸和人脸编码
face_locations = face_recognition. face_locations( rgb_frame)
face_encodings = face_recognition. face_encodings( rgb_frame, face_locations)

# 遍历图像中的每个人脸
for ( top, right, bottom, left), face_encoding in zip( face_locations, face_
encodings):
        # 检查是不是已知人脸
        matches = face _ recognition. compare _ faces ( known _ faces, face _
encoding)

        name = " Unknown"

        # 如果匹配到已知人脸，获取名字
    if True in matches:
            first_match_index = matches. index( True)
            name = known_names[ first_match_index]

        # 在图像上画出人脸区域和名字
        cv2. rectangle( frame, ( left, top), ( right, bottom), ( 0, 0, 255), 2)
        cv2. rectangle( frame, ( left, bottom - 35), ( right, bottom), ( 0, 0,
255), cv2. FILLED)
        font = cv2. FONT_HERSHEY_DUPLEX
        cv2. putText( frame, name, ( left+6, bottom - 6), font, 1. 0, ( 255,
```

255,255),1)

> \# 显示结果图像
>
> cv2. imshow('Video', frame)

> \# 按 q 键退出
>
> if cv2. waitKey(1) & 0xFF = = ord('q'):
>
> > break

\# 释放摄像头资源

video_capture. release()

cv2. destroyAllWindows()

这个代码示例使用了 face_recognition 库，它是对 Dlib 的封装，使得人脸识别变得非常简单。代码中加载了一张已知人脸的图像，然后从摄像头实时捕获视频帧，并对每一帧进行人脸识别。如果识别到已知人脸，它会在图像上画出人脸区域，并显示名字。

注意："known_person. jpg"应该替换为已知的人脸图像文件。此外，这个示例假设已经安装了 face_recognition 库，如果没有安装，可以通过 pip 来安装它。

另外，face_recognition 库还提供了很多其他功能，比如识别图像中的所有人脸、保存和加载人脸编码等。可以查阅官方文档来了解更多信息。

第四节　Python 推荐系统

一、推荐系统的概念

推荐系统是一种信息过滤系统，它利用电子商务网站向客户提供商品信息和建议，帮助用户决定应该购买什么产品，模拟销售人员帮助客户完成购买过程。推荐系统通常应用于电子商务、流媒体服务和社交媒体平台等领域，旨在解决信息过载问题，将用户与物品联系起来。

推荐系统通过分析用户的历史行为、兴趣爱好、商品特征等因素，建立用户兴趣模型，主动给用户推荐能够满足他们兴趣和需求的信息和商品。推荐算法是整个推荐系统中最核心和关键的部分，决定了推荐系统的性能和优劣。常用的推荐算法包括协同过滤推荐、基于知识的推荐、混合推荐等。

推荐系统通常由前台的展示页面、后台的日志系统及推荐算法系统三部分构成。其中，日志系统负责收集用户行为数据，推荐算法通过分析用户行为数据，生成推荐结果，展示页面则将推荐结果展示给用户。

推荐系统的一个重要应用是个性化推荐。个性化推荐是根据用户的兴趣特点和购买行为，向用户推荐其感兴趣的信息和商品。个性化推荐系统需要依赖用户的行为数据，利用数据挖掘技术对海量数据进行处理，得到用户兴趣的相关度，从海量的商品或服务中筛选出用户可能感兴趣的商品或服务推荐给用户。

推荐系统在实际应用中需要不断进行优化和改进，以提高推荐的准确性和用户满意度。常用的优化方法包括增加数据源、优化算法、引入时间因素、考虑用户反馈等。推荐系统需要注意保护用户隐私和数据安全，避免数据泄露和滥用。

二、推荐系统的应用场景

推荐系统的应用场景非常广泛，主要包括以下几类。

一是电商网站。这是推荐系统最主要的应用场景之一。在电商网站上，推荐系统可以根据用户的购买历史、浏览记录、搜索关键词等信息，向用户推荐相关的商品，帮助用户更快地找到自己需要的商品，提高购买转化率和用户满意度。

二是视频网站。视频网站上的推荐系统可以根据用户的观影历史、搜索记录、评分等信息，向用户推荐相关的电影、电视剧、综艺节目等视频内容，提高用户的观影体验和黏性。

三是音乐平台。音乐平台上的推荐系统可以根据用户的听歌历史、歌单收藏、歌手偏好等信息，向用户推荐相关的音乐内容和歌手，帮助用户发现更多符合自己口味的音乐。

四是生活服务类平台。生活服务类平台如美团、携程等，其推荐系统可以根据用户的历史订单、浏览记录、地理位置等信息，向用户推荐相关的餐饮、旅游、酒店等服务，提高用户的生活品质和便利性。

五是社交类平台。社交类平台如陌陌、珍爱网等，其推荐系统可以根据用户的个人信息、交友偏好、活跃度等信息，向用户推荐相匹配的好友或对象，提高用户的社交效率和交友成功率。

此外，推荐系统还可以应用于房产、金融、教育、医疗等领域，为用户提供更加精准、个性化的服务和建议。随着技术的不断发展和应用场景的不断拓展，推荐系统的应用前景会更加广阔。

三、推荐系统的分类

推荐系统可以根据不同的分类标准进行分类，以下是常见的几种分类方式。

一是基于推荐策略的分类。根据推荐策略的不同，推荐系统可以分为基于内容的推荐、协同过滤推荐和混合推荐等。基于内容的推荐主要是通过分析用户的历史行为和兴趣偏好，推荐与其兴趣相似的物品或服务。协同过滤推荐是通过对用户的行为和其他用户的行为进行比较，找出相似的用户，然后根据相似用户的行为推荐物品或服务给当前用户。混合推荐则结合多种推荐策略进行推荐。

二是基于实时性的分类。根据推荐系统的实时性不同，可以分为实时推荐和离线推荐。实时推荐是指根据用户当前的行为和环境，实时地生成推荐结果并展示给用户。离线推荐是指定期或不定期地生成推荐结果，并将结果缓存或存储下来，供用户在后续的时间内查看。

三是基于数据源的分类。推荐系统可以根据数据源的不同进行分类，如基于用户日志的推荐、基于社交网络的推荐、基于用户画像的推荐等。这些推荐系统从不同的数据源中获取用户信息和行为数据，进行分析和挖掘，生成推荐结果。

除了以上几种分类方式，推荐系统还可以根据推荐结果的个性化程度、推荐算法的不同、推荐目标的不同等进行分类。在实际应用中，往往会根据具体的需求和场景选择合适的推荐系统类型和推荐算法，以达到最优的推荐效果。同时，推荐系统也需要不断地进行优化和改进，以适应不断变化的用户需求和数据环境。

四、Python 实现协同过滤推荐算法

协同过滤(collaborative filtering)是一种常用的推荐算法，它通过分析用户的历史行为数据(如评分、购买记录等)，找出相似的用户或物品，并基于这些相似性来预测用户可能感兴趣的物品。在 Python 中，可以使用不同的库(如 NumPy、SciPy、scikit-learn 等)来实现协同过滤算法。

以下是使用 Python 实现基于用户的协同过滤推荐算法的简化示例：

```
import numpy as np

from scipy. sparse import csr_matrix

from sklearn. metrics. pairwise import cosine_similarity


# 假设我们有以下用户-物品评分矩阵
# 用户 A，B，C 对物品 1，2，3 的评分
# 注意：这里我们使用了稀疏矩阵来表示评分数据，因为在实际场景中评分
数据通常是稀疏的
ratings = [
    [4，0，0]，    # 用户 A 对物品 1 评分 4，其他物品未评分
    [3，5，0]，    # 用户 B 对物品 1 评分 3，物品 2 评分 5
    [0，2，4]，     # 用户 C 对物品 2 评分 2，物品 3 评分 4
]


# 将列表转换为稀疏矩阵
ratings_matrix = csr_matrix( ratings )


# 计算用户之间的余弦相似度
user_similarity = cosine_similarity( ratings_matrix )


# 为用户 A 推荐物品
user_index = 0   # 假设我们要为用户 A( 索引为 0) 推荐物品
items_to_predict = ratings_matrix[ user_index ]. nonzero( )[ 1 ]   # 用户 A 已评分
的物品，这里其实不需要预测，仅作为示例
similarity_scores = user_similarity[ user_index ]


# 排除用户自己已经评分的物品
items_to_predict = list( set( range( ratings_matrix. shape[ 1 ] ) ) − set( items_to_
predict ) )
```

```
# 预测用户 A 对未评分物品的评分
predictions = {}
for item in items_to_predict：
    # 加权平均其他用户的评分来预测用户 A 的评分
    predicted _ score = np. dot ( similarity _ scores, ratings _ matrix [ :, item ] ) /
np. linalg. norm ( similarity_scores )
    predictions [ item ] = predicted_score


# 根据预测评分对用户 A 的未评分物品进行排序，并推荐前 N 个物品
top_n = 2
recommendations = sorted ( predictions. items ( ), key = lambda x： x [ 1 ], reverse =
True ) [ : top_n ]


print ( "Recommendations for User A：" )
for item, score in recommendations：
    print ( f" Item {item+1}： Predicted Score {score}" )
```

请注意，这个示例是为了教学目的而简化的，在实际应用中可能需要进行更多的优化和考虑，如处理数据稀疏性、冷启动问题、相似度计算的归一化、预测评分的归一化等。

此外，这个示例中使用的是基于用户的协同过滤，还可以通过计算物品之间的相似度来实现基于物品的协同过滤。在实际生产环境中，通常会使用更加复杂的算法和大量的数据来实现高效的推荐系统。

另外，值得一提的是，有一些开源的推荐系统库，如 Surprise 和 LightFM，它们提供了更高级的功能和优化的算法，可以方便地用于构建推荐系统。

我们可以再看一个稍微复杂一点的例子，这个例子将展示如何使用 scikit-learn 库来实现基于物品的协同过滤。在这个例子中，我们将使用 cosine_similarity 来计算物品之间的相似度，并根据这些相似度为特定用户生成推荐。

```
import numpy as np
from sklearn. metrics. pairwise import cosine_similarity
```

```
# 用户-物品评分矩阵
# 用户 A, B, C 对物品 1, 2, 3 的评分
ratings = np. array([
    [4, 0, 0],    # A 用户给了物品 1 评分 4, 其他物品未评分
    [3, 5, 0],    # B 用户给了物品 1 评分 3, 物品 2 评分 5
    [0, 2, 4],    # C 用户给了物品 2 评分 2, 物品 3 评分 4
    # 可以添加更多用户和物品的评分
])


# 物品相似度矩阵
item_similarity = cosine_similarity(ratings. T)


# 为特定用户生成推荐
def generate_recommendations(ratings, item_similarity, user_index, top_n = 2):
    # 获取用户已经评分的物品索引
    rated_items = np. where(ratings[user_index] > 0)[0]

    # 如果用户没有评分任何物品, 则无法生成推荐
    if len(rated_items) == 0:
        return []

    # 计算所有物品与用户已评分物品的相似度之和
    scores = np. zeros(item_similarity. shape[0])
    for item in rated_items:
        scores += item_similarity[item]

    # 排除用户已经评分的物品
    scores[rated_items] = -1

    # 根据相似度之和推荐物品
```

```
top_items = np. argsort(scores)[-top_n:][::-1]
```

```
return top_items. tolist()
```

\# 为用户 A(索引 0)生成推荐

recommendations _ for _ user _ A = generate _ recommendations (ratings, item _ similarity, 0)

print("推荐给用户 A 的物品索引(按相似度从高到低排序):")

print(recommendations_for_user_A)

在这个例子中，generate_recommendations 函数会为用户生成基于物品的协同过滤推荐。它首先找出用户已经评分的物品，然后计算这些物品与其他物品的相似度之和，最后推荐与用户已评分物品最相似的物品(排除用户已经评分的物品)。

请注意，这个例子是为了教学目的而编写的，假设所有评分都在同一尺度上，并且没有考虑评分的稀疏性、归一化或其他可能影响推荐质量的因素。在实际应用中，可能需要调整算法以适应特定数据集和需求。

此外，这个例子中的推荐算法是基于物品的相似度来生成推荐的，这通常比基于用户的相似度在处理大数据集时更有效率，因为物品的数量通常比用户的数量少得多，而且物品的相似度矩阵可以提前计算并缓存起来。

知识点：基于内容推荐和协同过滤推荐，哪个更适合电商场景呢？

在电商场景中，基于内容推荐和协同过滤推荐都有其适用之处，具体选择哪种推荐方式更合适，需要根据实际情况进行判断。

基于内容推荐主要是通过分析用户的历史行为和兴趣偏好，以及物品或服务的属性特征，推荐与其兴趣相似的物品或服务。这种推荐方式在电商场景中，可以针对用户的购买历史和浏览记录，推荐相似的商品，帮助用户更快地找到自己需要的商品。同时，基于内容推荐还可以解决新商品的冷启动问题，因为新商品只要有其属性特征，就可以被推荐给可能感兴趣的用户。

协同过滤推荐是通过分析用户的行为和其他用户的行为进行比较，找出相似的用户，然后根据相似用户的行为推荐物品或服务给当前用户。在电商场景中，协同过滤推荐可以利用用户的购买历史、评分等信息，找出相似的用户群体，然后推荐这些相似用户购买过的商品给当前用户。这种推荐方式可以发掘用户的潜在兴趣，给用户推荐他们可能感兴趣的商品。

综合来看，基于内容推荐和协同过滤推荐在电商场景中都有其优势。如果电商平台的商品种类较多，且用户历史行为数据较丰富，那么协同过滤推荐可能更适合，因为它可以发掘用户的潜在兴趣。而如果电商平台的商品种类相对较少，或者新商品较多，那么基于内容推荐可能更适合，因为它可以解决新商品的冷启动问题，并且可以利用商品属性特征进行推荐。

当然，在实际应用中，也可以将基于内容推荐和协同过滤推荐进行结合，形成混合推荐策略，以提高推荐的准确性和用户满意度。

第五节　Python 自然语言处理

一、自然语言处理的概念

自然语言处理（natural language processing，NLP）是计算机科学领域与人工智能领域中的一个重要方向。它研究能实现人与计算机之间用自然语言进行有效通信的各种理论和方法，特别是其中的软件系统，因此它是计算机科学的一部分，并与语言学有密切的联系。自然语言处理并不是一般地研究自然语言，而在于研制能有效地实现自然语言通信的计算机系统。

自然语言处理主要应用于机器翻译、舆情监测、自动摘要、观点提取、文本分类、问题回答、文本语义对比、语音识别、中文 OCR（optical character recognition）等方面。其中，机器翻译是利用计算机将一种自然语言（源语言）转换为另一种自然语言（目标语言）的过程，它是自然语言处理的一个重要分支和应用领域。

此外，自然语言处理还涉及语法分析、语义分析、篇章理解等方面。语法分析是对输入文本进行结构化处理，如将句子分解为短语、单词等元素，并确定它们之间的关系。语义分析是对文本意义的理解和处理，如确定单词的含义、短语或句子的意图等。篇章理解是对整个文本的理解和分析，包括识别文本的主题、结构、情感等。

总之，自然语言处理是一门综合性的学科，它融合了语言学、计算机科学、数学等领域的知识和技术，旨在让计算机能够理解和处理人类语言，从而实现人机交互和自然语言通信。

二、自然语言处理的应用场景

自然语言处理（NLP）在许多领域有广泛的应用，以下是它的一些主要应用场景。

一是机器翻译。NLP 在机器翻译中发挥了重要作用，它可以自动将一种语言的文本翻译成另一种语言。这有助于人们快速理解不同语言的内容，促进了跨语言的交流和理解。

二是垃圾邮件过滤。NLP 技术可以用于垃圾邮件过滤，通过训练模型来识别垃圾邮件的特征，从而将其过滤掉。这有助于减少用户接收到不必要或有害的邮件。

三是信息提取。在金融市场等领域，信息提取是一项重要任务。NLP 技术可以从大量文本中提取出有用的信息，如公司名称、时间、事件等，帮助人们更快地获取所需的信息。

四是问答系统。问答系统利用 NLP 技术回答用户提出的自然语言问题。这种系统可以从大量的文本或知识库中提取信息，并根据用户的问题生成准确的回答。这为用户提供了一个方便快捷的获取信息的途径。

五是文本分类。NLP 技术可用于文本分类任务，如情感分析、主题分类等。通过训练模型，可以将文本自动分类到预定义的类别，从而帮助人们更好地理解和处理大量的文本数据。

六是社交媒体监控。在社交媒体上，人们经常表达各种观点和情绪。NLP 技术可以用于监控社交媒体上的内容，分析用户的观点和情绪，从而帮助企业或政府机构了解公众的意见和反应。

七是智能助手。智能助手如 Siri、Alexa 等利用 NLP 技术理解用户的指令和需求，并提供相应的回应和服务。这使得人们可以通过自然语言与智能设备进行交互，更加便捷地获取信息和完成任务。

八是文本生成。NLP 技术还可以用于文本生成任务，如自动作文、机器写作等。通过训练模型，可以生成符合语法和语义规则的文本内容，为内容创作提供了新的可能性。

总之，自然语言处理在许多领域有广泛的应用前景，随着技术的不断发展和进步，它的应用场景也将不断扩大和深化。

三、Python 实现自然语言处理的应用示例

在 Python 中实现自然语言处理（NLP）的应用非常普遍，因为 Python 拥有众多强大的 NLP 库。以下是一些使用 Python 进行 NLP 的示例。

1. 情感分析

情感分析是 NLP 中的一个常见任务，用于确定文本的情感倾向（正面、负面或中性）。

```python
# 使用 TextBlob 进行情感分析
from textblob import TextBlob

text = "I love this sandwich!"
blob = TextBlob(text)
print(blob. sentiment. polarity)   # 输出情感极性，-1 到 1 之间
```

2. 分词

分词是将文本分割成单词或标记的过程。

```python
# 使用 NLTK 进行分词
import nltk
nltk. download('punkt')

text = "Hello, world. This is a simple sentence. "
tokens = nltk. word_tokenize(text)
print(tokens)
```

3. 命名实体识别（NER）

命名实体识别用于识别文本中的特定实体，如人名、地点、组织等。

```python
# 使用 spaCy 进行命名实体识别
```

```
import spacy

nlp = spacy. load('en_core_web_sm')    # 加载英文模型
# 对于中文，可以使用 'zh_core_web_sm'(需要先下载)

text = "Apple is looking at buying U. K. startup for $1 billion"
doc = nlp(text)

for entity in doc. ents：
    print(entity. text, entity. label_)
```

4. 机器翻译

机器翻译是将文本从一种语言自动翻译成另一种语言。

```
# 使用 googletrans 库进行机器翻译
fromgoogletrans import Translator

translator = Translator()
text = "Hello, how are you?"
translation = translator. translate(text, dest='zh-CN')
print(translation. text)
```

注意：googletrans 库是一个非官方库，它使用了 Google Translate 的 API，但并不保证长期可用性或稳定性。

5. 文本摘要

文本摘要是从较长的文本中提取关键信息，生成简短总结的过程。

```
# 使用 gensim 库中的 Summa 模块进行文本摘要
from gensim. summarization import summarize

text = "This is a long text that needs to be summarized. It contains many sentences
and details that are not necessary for a quick understanding of the main points. "
```

summary = summarize(text，word_count = 10)　　# 生成包含 10 个单词的摘要

print(summary)

值得注意的是，gensim. summarization. summarize 函数在一些新版本的 gensim 库中已经不再可用，因为 gensim 库的主要焦点是处理主题模型和相似性检索，而不是文本摘要。如果需要进行文本摘要，那么使用像 Sumy 或基于 Transformers 的预训练模型(如 BERT 或 GPT)会更加合适。

Sumy 是一个纯 Python 写的模块，专门用于文本摘要。它提供了几种摘要算法，包括 LSA(潜在语义分析)和 TextRank。Sumy 的使用非常简单，可以快速实现文本摘要的功能。使用 Transformers 库结合预训练模型进行摘要也是一种非常流行的方法。预训练模型如 BERT 或 GPT 已经在大规模文本数据上进行了训练，并可以通过微调(fine-tuning)来适应特定的摘要任务。这种方法通常能得到更高质量的摘要结果。可以根据具体需求(如摘要的质量、处理速度、是否需要自定义模型等)，选择最适合的工具和方法。

第六节　Python 自动驾驶技术

一、自动驾驶技术概述

自动驾驶技术是一种通过先进的环境感知、信息交互、智能决策、自动控制等技术，实现道路交通部分或完全自动化运行的前沿技术。其基本原理是通过车辆上的传感器实时感知周围环境信息，并通过智能系统进行规划决策，最后通过控制系统执行驾驶操作。

自动驾驶技术根据系统的智能程度可以分为多个等级，目前业界较为常用的分级标准是由国际自动机工程师学会(SAE International)制定的，从 L1(辅助驾驶)到 L5(完全自动驾驶)不等。随着级别的提高，自动驾驶系统对车辆的控制权也逐渐增加，最终实现完全不需要人类驾驶员介入的自动驾驶。

自动驾驶技术涵盖多个领域，包括汽车制造、电子芯片、基础设施、移动通信等产业板块。要实现自动驾驶的完美运行，不仅需要"聪明的车"，还需要"智慧的路"和"智能的通信"等协同工作。具体来说，自动驾驶系统需要通过各种传感器感知周围环境信息，包括视频信息、GPS 信息、车辆姿态、加速度信息等，

然后通过智能系统进行规划决策，确定适当的工作模型和控制策略，最后通过控制系统执行驾驶操作。

在自动驾驶技术的发展过程中，有多种发展路径和技术路线，包括单车智能、车路协同、联网云控等。其中，单车智能是实现自动驾驶的基础，通过车辆自身的传感器和智能系统实现自动驾驶功能；车路协同则依靠车与车、车与路之间的动态信息实时交互来实现自动驾驶；联网云控则更注重通过云端的控制实现自动驾驶。

自动驾驶技术是一种具有广阔应用前景和深刻社会意义的前沿技术，它将深刻地改变人们的出行方式和交通模式，提高交通效率和安全性，为未来的智能交通系统和智慧城市建设打下坚实的基础。

二、Python 在自动驾驶技术中的关键应用

Python 在自动驾驶技术中扮演着重要的角色，因为它提供了丰富的库和工具，使研究人员和开发人员能够高效地处理和分析大量的传感器数据、实现车辆的感知和决策、进行计算机视觉任务等。以下是 Python 在自动驾驶技术中的一些关键应用。

传感器数据处理和分析：自动驾驶车辆通常配备有多种传感器，如激光雷达（LiDAR）、摄像头、雷达（RADAR）和 GPS 等。Python 提供了强大的数据处理和分析库，如 NumPy 和 Pandas，能够高效地对这些传感器数据进行处理、清洗、可视化和转换，以便提取有用的信息供后续模块使用。

计算机视觉：计算机视觉是自动驾驶技术中的核心部分，它涉及图像和视频的处理、目标检测、跟踪和识别等任务。Python 拥有 OpenCV 和 Pillow 等图像处理库，以及深度学习库如 TensorFlow 和 PyTorch，这些库可以用于构建和训练计算机视觉模型，实现车辆的感知和理解。

决策和规划：自动驾驶车辆需要根据感知到的环境信息做出决策，并规划合适的行驶轨迹。Python 可以编写决策和规划算法，如基于规则的决策系统、强化学习算法和路径规划算法等。通过模拟环境和实际测试，可优化和调整算法以提高自动驾驶的性能和安全性。

控制系统集成：自动驾驶技术需要将不同的模块和系统进行集成，以实现完整的自动驾驶功能。Python 可以用于编写中间件和接口，将传感器数据处理、计

算机视觉、决策和规划等模块连接起来，实现信息的传递和协同工作。

模拟和测试：在自动驾驶技术的开发和测试阶段，模拟环境起着重要的作用。Python 提供了多种模拟工具和平台，如 CARLA 和 AirSim，可以用于构建和模拟复杂的交通场景，测试自动驾驶算法的性能和可靠性。

需要注意的是，自动驾驶技术是一个复杂而庞大的领域，涉及多个学科和技术的交叉。Python 只是其中的一部分，还需要与其他语言、硬件和系统进行紧密合作，以实现高效、安全和可靠的自动驾驶系统。

三、Python 实现自动驾驶技术的优势

Python 在实现自动驾驶技术方面具有以下优势。

简洁易学的语法：Python 的语法简洁明了，易于学习和理解，这使得研究人员和开发人员能够快速编写和调试自动驾驶相关的代码。

强大的科学计算库：Python 拥有众多强大的科学计算库，如 NumPy、SciPy 和 Pandas 等，这些库提供了高效的数据处理和分析功能，对于处理自动驾驶中大量的传感器数据非常有用。

丰富的机器学习库：Python 是机器学习和深度学习领域的首选语言，拥有成熟的机器学习库，如 scikit-learn、TensorFlow 和 PyTorch 等。这些库提供了广泛的算法和工具，可用于构建和训练自动驾驶中的感知、决策和规划模型。

广泛的社区支持和开源资源：Python 拥有庞大的开发者社区和丰富的开源资源，这意味着开发人员可以轻松找到相关的文档、教程和示例代码，加快自动驾驶技术的开发进程。

良好的跨平台兼容性：Python 具有良好的跨平台兼容性，可以在 Windows、Linux 和 macOS 等操作系统上运行。这使得自动驾驶技术的开发和测试更加灵活和方便。

易于集成和扩展：Python 易于与其他语言、硬件和系统进行集成和扩展。通过编写中间件和接口，可以轻松地将 Python 与其他自动驾驶相关组件连接起来，实现信息的传递和协同工作。

综上所述，Python 在实现自动驾驶技术方面具有语法简洁、科学计算库强大、机器学习库丰富、社区支持广泛、跨平台兼容性好及易于集成和扩展等优势。这些优势使 Python 成为自动驾驶技术中广泛使用的编程语言之一。

四、Python 实现自动驾驶技术的应用示例

Python 在自动驾驶技术中的应用非常广泛，以下是一些具体的应用示例。

1. 环境感知与传感器数据处理

使用 OpenCV 或 Pillow 等图像处理库对摄像头捕捉的图像进行处理，实现车道线检测、交通标志识别、障碍物检测等功能。

利用雷达和激光雷达数据，结合 Python 的数据处理和分析能力，进行障碍物跟踪、距离和速度估算等任务。

示例：车道线检测

使用 OpenCV 进行车道线检测：

```
import cv2
import numpy as np

# 读取图像
image = cv2. imread('road_image. jpg')

# 转换为灰度图像
gray = cv2. cvtColor(image, cv2. COLOR_BGR2GRAY)

# 应用高斯模糊
blur = cv2. GaussianBlur(gray, (5, 5), 0)

# 使用 Canny 边缘检测
edges = cv2. Canny(blur, 50, 150)

# 定义感兴趣区域
mask = np. zeros_like(edges)
polygon = np. array([[(0, image. shape[0]), (450, 300), (530, 300),
(image. shape[1], image. shape[0])]], np. int32)
```

```
cv2. fillPoly(mask, [polygon], 255)
masked_edges = cv2. bitwise_and(edges, mask)
```

```
# 使用 Hough 变换检测直线
lines = cv2. HoughLinesP(masked_edges, rho = 1, theta = np. pi/180, threshold =
20, minLineLength = 20, maxLineGap = 300)
```

```
# 绘制检测到的车道线
for line in lines:
    x1, y1, x2, y2 = line[0]
    cv2. line(image, (x1, y1), (x2, y2), (0, 255, 0), 2)
```

```
cv2. imshow('Lane Lines', image)
cv2. waitKey(0)
cv2. destroyAllWindows()
```

2. 计算机视觉与目标检测

利用深度学习库，如 TensorFlow 或 PyTorch，训练卷积神经网络(CNN)进行车辆、行人、自行车等目标的检测与识别。

实现基于视觉的同时定位与地图构建(visual SLAM)算法，用于车辆的自主定位和导航。

示例：交通标志识别

使用深度学习模型(如卷积神经网络，CNN)来识别交通标志：

```
import cv2
import numpy as np
import tensorflow as tf
```

```
# 加载预训练的交通标志识别模型
model = tf. keras. models. load_model('traffic_sign_classifier. h5')
```

```python
# 读取图像并进行预处理
image = cv2. imread('traffic_sign. jpg')
image = cv2. resize(image, (32, 32))    # 假设模型接受 32×32 的输入
image = image / 255.0   # 归一化到[0, 1]范围
image = np. expand_dims(image, axis = 0)    # 增加批处理维度


# 使用模型进行预测
predictions = model. predict(image)
predicted_class = np. argmax(predictions)


# 将预测结果映射回交通标志的实际含义
# 这需要一个映射表, 这里仅作为示例
traffic_sign_map = {
    0: 'Stop',
    1: 'Yield',
    2: 'Speed Limit 45',
    # ...其他标志
}


print(f" Recognized traffic sign: {traffic_sign_map[ predicted_class]} ")
```

3. 决策与规划

使用 Python 编写基于规则的决策系统, 根据感知到的环境信息(如交通信号灯状态、障碍物位置等)决定车辆的行驶策略。

实现强化学习算法, 通过与环境交互自主学习驾驶策略, 并在模拟器中进行训练和测试。

示例: 基于规则的决策系统

一个简单的基于规则的决策系统可以根据车辆前方的障碍物距离来决定加速或刹车:

```python
class SimpleDecisionMaker:
```

```python
    def __init__(self, safe_distance = 5.0):
        self.safe_distance = safe_distance  # 安全距离，以米为单位

    def decide(self, ego_vehicle_speed, obstacle_distance):
        """
        根据自车速度和障碍物距离做出决策
        :param ego_vehicle_speed：自车速度，以 m/s 为单位
        :param obstacle_distance：障碍物距离，以米为单位
        :return：决策结果，'accelerate', 'brake' 或 'maintain'
        """
        if obstacle_distance < self.safe_distance：
            return 'brake'
        elif ego_vehicle_speed < 50.0：    # 假设最大速度是 50 m/s
            return 'accelerate'
        else：
            return 'maintain'


# 示例使用
decision_maker = SimpleDecisionMaker()
action = decision_maker.decide(ego_vehicle_speed = 20.0, obstacle_distance =
10.0)
print(action)   # 输出 'accelerate'
```

4. 控制系统与车辆接口

编写 Python 脚本与车辆的控制系统进行通信，发送控制指令（如加速、刹车、转向等）给车辆的执行机构。

集成车辆的 CAN 总线接口，使用 Python 库（如 python-can）读取和发送 CAN 消息，实现与车辆硬件的实时通信。

示例：车辆控制指令发送

使用 Python 通过车辆网络接口（如 CAN 总线）发送控制指令：

```python
import can

def send_control_command(bus, command, value):
    """
    控制指令到 CAN 总线上的车辆
    :param bus: CAN 总线接口
    :param command: 控制指令类型(如加速、刹车、转向)
    :param value: 控制指令的值
    """
    # 定义 CAN 消息格式，这取决于车辆的具体实现
    message = can.Message(arbitration_id=0x100,      # 假设这是控制指令的 ID
                          data=[command, value, 0, 0, 0, 0, 0, 0],   # 假设前两个字节是命令和值
                          is_extended_id=False)

    try:
        bus.send(message)
        print(f"Sent control command: {command} with value {value}")
    except can.CanError:
        print("Failed to send control command")


# 初始化 CAN 总线接口
bus = can.interface.Bus(channel='can0', bustype='socketcan')

# 发送加速指令
send_control_command(bus, command=1, value=50)   # 假设 1 代表加速，50 是加速度值
```

5. 模拟与测试

利用自动驾驶模拟器(如 CARLA、AirSim 等)在虚拟环境中测试自动驾驶算法。Python 可用于编写自动化测试脚本,模拟不同的交通场景和驾驶条件。

结合测试框架(如 pytest)编写测试用例,对自动驾驶系统的各个组件进行单元测试、集成测试和系统测试。

示例:在自动驾驶模拟器中测试算法

使用 Python 脚本与自动驾驶模拟器(如 CARLA)进行交互,测试自动驾驶算法:

```python
import carla

# 连接到 CARLA 服务器
client = carla. Client('localhost', 2000)
client. set_timeout(10. 0)    # 设置超时

# 获取世界和车辆
world = client. get_world()
ego_vehicle = world. get_actor('vehicle. tesla. model3')    # 假设这是我们的车辆

# 设置自动驾驶模式
ego_vehicle. set_autopilot(True)

# 模拟运行一段时间
for _ in range(1000):    # 假设我们模拟 1000 步
    world. tick()    # 推进模拟

# 关闭连接
client. apply_batch([carla. command. DestroyActor(ego_vehicle. id)])
```

6. 地图与导航

使用 Python 处理和分析地图数据，生成或更新高清地图（HD map），供自动驾驶车辆用于路径规划和导航。

实现导航算法，如 A ∗ 或 Dijkstra 算法，用于在地图上找到从起点到终点的最优路径。

示例：A ∗ 算法实现

使用 A ∗ 算法进行路径规划是自动驾驶系统中的一个常见任务。以下是一个简化的 A∗ 算法实现示例：

```python
import heapq


class Node：
    def __init__(self, parent=None, position=None)：
        self.parent=parent
        self.position=position
        self.g=0    # 从起点到当前节点的代价
        self.h=0    # 从当前节点到终点的启发式代价(如直线距离)
        self.f=0    # 总代价


    def __eq__(self, other)：
        return self.position == other.position


def astar(maze, start, end)：
    start_node=Node(None, start)
    end_node=Node(None, end)
    open_list=[]
    closed_list=[]
    heapq.heappush(open_list, (start_node.f, start_node))

    while len(open_list) > 0：
```

```
current_node = heapq. heappop(open_list)[1]
closed_list. append(current_node)


if current_node == end_node:
    path = []
    current = current_node
    while current is not None:
        path. append(current. position)
        current = current. parent
    return path[::-1]    # 返回从起点到终点的路径


children = []
for new_position in [(0, -1), (0, 1), (-1, 0), (1, 0)]:    # 上下
左右四个方向
        node_position = (current_node. position[0]+new_position[0],
current_node. position[1]+new_position[1])
        if node_position[0] > (len(maze) - 1) or node_position[0] < 0
or node_position[1] > (len(maze[len(maze)-1]) - 1) or node_position[1] < 0:
            continue
        if maze[node_position[0]][node_position[1]] ! = 0:
            continue
        new_node = Node(current_node, node_position)
        children. append(new_node)


for child in children:
        if len([closed_child for closed_child in closed_list if closed_
child == child]) > 0:
            continue
        child. g = current_node. g+1    # 这里假设每移动一格代价为 1
        child. h = ((child. position[0] - end_node. position[0]) ** 2)+
```

```
((child. position[1] - end_node. position[1]) ** 2)
              child. f=child. g+child. h
              if len([open_node for open_node in open_list if child. position ==
open_node[1]. position and child. g > open_node[1]. g]) == 0:
                heapq. heappush(open_list, (child. f, child))


    return None  # 如果没有找到路径，则返回 None


# 示例使用
maze=[
    [0, 0, 0, 0, 1],
    [1, 1, 0, 0, 0],
    [0, 0, 0, 1, 0],
    [0, 1, 1, 0, 0],
    [0, 0, 0, 0, 0]
]
start=(0, 0)
end=(4, 4)
path=astar(maze, start, end)
print(path)   # 输出从起点到终点的路径
```

7. 车辆网络与通信

利用 Python 的网络通信功能实现车与车(V2V)、车与基础设施(V2I)之间的通信，支持自动驾驶车辆的协同驾驶和智能交通系统。

实现与云服务器的数据交换，包括上传感知数据、下载地图更新、接收交通信息等。

示例：PID 控制器实现

PID(比例-积分-微分)控制器是自动驾驶系统中常用的控制算法之一，用于调节车辆的速度、转向等。以下是一个简单的 PID 控制器实现示例。

```
class PIDController:
```

```python
    def __init__(self, kp, ki, kd, setpoint, dt):
        self.kp = kp    # 比例系数
        self.ki = ki    # 积分系数
        self.kd = kd    # 微分系数
        self.setpoint = setpoint    # 设定值
        self.dt = dt    # 控制周期
        self.proportional = 0
        self.integral = 0
        self.derivative = 0
        self.previous_error = 0

    def update(self, current_value, dt=None):
        if dt is None:
            dt = self.dt

        error = self.setpoint - current_value
        self.proportional = error
        self.integral += error * dt
        derivative = (error - self.previous_error) / dt
        self.derivative = derivative
        self.previous_error = error

        output = (self.kp * self.proportional +
                  self.ki * self.integral +
                  self.kd * self.derivative)

        return output

# 示例使用
pid_controller = PIDController(kp=0.1, ki=0.01, kd=0.001, setpoint=50, dt=
```

0. 1）

```
# 模拟车辆速度控制
current_speed = 0
for i in range(100)：
    control_output = pid_controller. update(current_speed)
    # 假设 control_output 直接作用于车辆，改变其速度
    current_speed += control_output
    print(f" Time：{i * 0. 1}s, Speed：{current_speed}, Control Output：{control_output}")
```

请注意，以上代码是为了说明 PID 控制器的工作原理而简化的。在实际应用中，PID 控制器的参数(kp、ki、kd)需要根据具体的系统和需求进行调整，以达到最佳的控制效果。此外，在实际车辆控制中，还需要考虑车辆动力学、安全性及与其他控制系统的集成等因素。

以上示例展示了 Python 在自动驾驶技术中的多功能性和实用性。从感知到决策，再到控制和通信，Python 都能提供强大的支持，使得自动驾驶系统的开发更加高效和灵活。需要注意的是，这些代码片段只是为了说明 Python 在自动驾驶技术中的用途，并不是实际部署的自动驾驶系统的完整代码。在实际的自动驾驶系统中还需要考虑更多的因素，如多传感器融合、复杂的决策逻辑、安全冗余等。此外，还需要与车辆的控制系统进行集成，并通过大量的实际测试和验证来确保系统的可靠性和安全性。

第七章　数据可视化与 AI 绘图

数据可视化是一种将大量数据转化为视觉形式的过程，使用户可以直观地理解数据的模式和趋势。这种技术可以将复杂的数据集呈现为易于理解的图形、图表或其他视觉元素，从而帮助用户快速地获取信息和洞察。

而 AI 绘图，或者说 AI 作图技术，是一种利用人工智能算法来自动生成图像的技术。这种技术可以分析数据并根据数据的特征自动生成具有可视化效果的图像，从而提高数据可视化的效率和准确性。

在实际应用中，数据可视化和 AI 绘图技术可以相互结合，共同发挥作用。例如，在一些需要处理大量数据的场景中，可以先利用数据可视化技术将数据呈现为图形或图表，然后利用 AI 绘图技术对图像进行进一步分析和处理，从而得到更准确和有用的信息。

假设某电商企业想要了解销售情况，可以通过数据可视化技术将销售数据呈现为柱状图、折线图等形式，以便直观地了解销售额、销售量等指标的变化趋势。同时，可以利用 AI 绘图技术对销售数据进行进一步地分析和处理。具体来说，可以通过 AI 算法对销售数据进行趋势预测，并将预测结果以可视化图表的形式呈现，以便企业决策层更好地了解未来的销售情况。此外，AI 绘图技术还可以根据销售数据的特征，自动生成符合要求的销售报表、销售图表等，提高数据可视化的效率和准确性。在这个例子中，数据可视化和 AI 绘图技术相互结合，共同发挥作用，为企业提供更准确、有用和个性化的数据可视化解决方案，帮助企业更好地了解销售情况并做出相应的决策。

再举一个更具体的例子，比如在医学领域，科学家们利用 AI 算法分析大量的医学图像数据，以检测和诊断疾病。这些数据可视化为热图、3D 模型等形式，帮助医生更直观地理解病变的位置和程度。同时，AI 绘图技术也可以自动生成病变区域的标注和解释，提高诊断的准确性和效率。

以上例子说明，数据可视化和 AI 绘图技术的结合可以在各个领域中发挥重要作用，提高数据处理的效率和准确性，帮助人们更好地理解和应用数据。

总的来说，数据可视化和 AI 绘图技术都是非常重要的技术，它们在不同的领域中有着广泛的应用。随着技术的不断发展，这两种技术也将不断完善和优化，为用户提供更好的服务和体验。

第一节　Python 数据可视化技术

一、利用 Python 实现数据可视化

Python 是一种广泛使用的编程语言，它在数据可视化方面有很多强大的库和工具。以下是一些常用的 Python 数据可视化技术。

Matplotlib：Matplotlib 是 Python 中最常用的数据可视化库之一。它提供了各种绘图函数和类，可以绘制线图、柱状图、散点图、饼图、热力图等类型的图表。Matplotlib 具有高度的灵活性和可定制性，可以满足各种复杂的数据可视化需求。

Seaborn：Seaborn 是基于 Matplotlib 的扩展库，提供了更高级别的绘图函数和更美观的样式。Seaborn 可以方便地绘制各种统计图形，包括散点图、直方图、箱线图、小提琴图等，同时支持对图表进行美化和定制。

Plotly：Plotly 是一个交互式的数据可视化库，支持绘制各种类型的图表，包括线图、散点图、热力图、条形图等。Plotly 的图表可以交互，支持缩放、平移、悬停等操作，同时还可以导出为 HTML、PDF、PNG 等格式。

Bokeh：Bokeh 是另一个交互式数据可视化库，它的目标是创建复杂、交互式的数据可视化应用程序。Bokeh 支持绘制各种图表，包括散点图、线图、柱状图、热力图等，同时还可以与 Jupyter Notebook 集成使用。

这些库都提供了丰富的绘图函数和类，可以满足不同类型的数据可视化需求。在选择具体的库时，需要根据数据类型、可视化目的和个人偏好等因素进行综合考虑。同时，还需要掌握 Python 编程基础和相关数据处理技能，才能更好地应用这些库进行数据可视化。

二、利用 Python 实现数据可视化的案例

Python 数据可视化是一个非常强大的领域，因为它允许用户通过图形和图表更直观地理解和解释数据。以下是使用不同 Python 库进行数据可视化的更多示例。

1：Matplotlib 折线图

Matplotlib 是 Python 中最常用的数据可视化库之一。下面的例子展示了如何使用 Matplotlib 绘制一个简单的折线图。

```
import matplotlib. pyplot as plt

# 假设我们有一些数据点
x = [1, 2, 3, 4, 5]
y = [2, 3, 5, 7, 11]

# 使用 Matplotlib 绘制折线图
plt. plot(x, y, marker='o')    # marker = 'o '表示数据点
plt. title('Simple Line Plot')
plt. xlabel('X-axis')
plt. ylabel('Y-axis')
plt. show()
```

2. Seaborn 分布图

Seaborn 是基于 Matplotlib 的高级接口，用于绘制有吸引力的统计图形。下面的例子展示了如何使用 Seaborn 绘制分布图(直方图和核密度估计)。

```
import seaborn as sns
import pandas as pd

# 假设我们有一个 DataFrame 包含一些随机数据
data = pd. DataFrame({
```

```
        'x': [1, 2, 2, 3, 3, 3, 4, 5, 5, 5, 5],
        'y': [2, 3, 1, 2, 4, 6, 8, 7, 6, 5, 4]
})
```

```
# 使用 Seaborn 绘制直方图和核密度估计
sns. displot(data, x = "x", kde = True)
```

3. Plotly 散点图

Plotly 是一个用于创建交互式图表的库。下面的例子展示了如何使用 Plotly 绘制一个散点图。

```
import plotly. express as px
```

```
# 假设我们有一个 DataFrame 包含一些散点数据
df = px. data. iris()
```

```
# 使用 Plotly Express 绘制散点图
fig = px. scatter(df, x = "sepal_width", y = "sepal_length", color = "species")
fig. show()
```

4. Bokeh 交互式柱状图

Bokeh 是另一个用于创建交互式可视化图表的库。下面的例子展示了如何使用 Bokeh 绘制一个柱状图。

```
from bokeh. plotting import figure, show
from bokeh. io import output_notebook
from bokeh. models import ColumnDataSource
import pandas as pd
```

```
# 假设我们有一个 DataFrame 包含一些分类数据
data = {'fruits': ['Apples', 'Pears', 'Nectarines', 'Plums', 'Grapes',
'Strawberries'],
```

```
    'counts': [5, 3, 4, 2, 4, 6]}
df = pd. DataFrame( data )
```

将数据转换为 Bokeh 可以使用的格式
```
source = ColumnDataSource( df )
```

创建柱状图
```
p = figure( x_range = df[ 'fruits' ], plot_height = 350, title = " Fruit Counts",
            toolbar_location = None, tools = " " )
p. vbar( x = 'fruits', top = 'counts', width = 0. 9, source = source )
```

配置图表以在 Jupyter Notebook 中显示
```
output_notebook( )
```

显示图表
```
show( p )
```

5. Matplotlib 饼图

Matplotlib 也支持绘制饼图，这对于展示数据的占比非常有用。
```
import matplotlib. pyplot as plt
```

数据
```
labels = [ 'Apple', 'Banana', 'Cherry', 'Dates' ]
sizes = [ 15, 30, 45, 10 ]
```

绘制饼图
```
plt. pie( sizes, labels = labels, autopct = '%1. 1f%%' )
plt. title( 'Fruit Consumption' )
plt. show( )
```

6. Seaborn 箱线图(box plot)

箱线图用于展示一组数据的分散情况，包括中位数、四分位数和异常值。

```
import seaborn as sns
import pandas as pd


# 假设有一个 DataFrame 包含分类和数值数据
data = {
    'Category': ['A', 'A', 'A', 'A', 'B', 'B', 'B', 'B'],
    'Value': [12, 23, 5, 27, 30, 18, 35, 20]
}
df = pd. DataFrame( data)


# 绘制箱线图
sns. boxplot( x = 'Category', y = 'Value', data = df)
plt. show( )
```

7. Plotly 气泡图(bubble chart)

气泡图是一种散点图的变种，其中数据点的大小代表额外的维度。

```
import plotly. express as px


# 假设有一个包含三个特征的数据集
data = {
    'x': [1, 2, 3, 4, 5],
    'y': [2, 1, 4, 3, 7],
    'size': [10, 20, 30, 40, 50],
    'text': ['A', 'B', 'C', 'D', 'E']
}
df = pd. DataFrame( data)
```

```
# 绘制气泡图
fig = px. scatter( df, x = 'x', y = 'y', size = 'size', hover_data = ['text'])
fig. show( )
```

8. Matplotlib 热力图(heatmap)

热力图(heatmap)用于展示二维数据中的值，通过颜色来表示大小。

```
import matplotlib. pyplot as plt
import numpy as np


# 创建一些数据
data = np. random. rand( 10, 10)


# 绘制热力图
plt. imshow( data, cmap = 'hot', interpolation = 'nearest')
plt. colorbar( )
plt. show( )
```

请注意，上面的热力图示例非常基础，仅用于演示目的。在实际应用中，我们可能需要添加更多的配置，比如 x 轴和 y 轴的标签、调整颜色映射等。

确保计算机已经安装了所需的库，并且根据数据和需求调整代码。为了运行上述示例，我们可能需要安装相应的库。可以使用 pip 安装它们：

```
pip install matplotlib seaborn plotly bokeh pandas
```

请确保 Python 环境中已经安装了这些库，然后就可以运行这些示例代码来创建各种数据可视化图表了。

下面我们来看一个利用 Python 实现数据可视化的案例。在这个案例中，我们将使用 Pandas 库来处理数据，用 Matplotlib 库来绘制图表。

案例：分析并可视化电影票房数据

假设我们有一个包含电影名称、上映年份和全球票房数据的 CSV 文件，名为 movies. csv。文件内容如下：

movie，year，box_office

Avatar，2009，2787965087

Avengers：Endgame，2019，2797800564

Titanic，1997，2186772302

Star Wars：The Force Awakens，2015，2068178225

Avatar：The Way of Water，2022，1855426822

我们将使用 Python 来分析这份数据，并绘制一个柱状图来展示每部电影的票房。

首先，我们需要导入必要的库。

import pandas as pd

import matplotlib. pyplot as plt

然后，读取 CSV 文件。

data＝pd. read_csv（'movies. csv'）

其次，对票房数据进行排序。

data_sorted＝data. sort_values（by＝'box_office'，ascending＝False）

最后，绘制柱状图。

plt. figure（figsize＝（10，6））　# 设置图表大小

plt. barh（data_sorted［'movie'］，data_sorted［'box_office'］）　# 绘制横向柱状图

plt. xlabel（'Global Box Office（＄）'）　# x 轴标签

plt. ylabel（'Movie'）　# y 轴标签

plt. title（'Top Movies by Global Box Office'）　# 图表标题

plt. show（）

将以上代码整合到一个 Python 脚本中，然后运行该脚本，我们会看到一个展示电影票房数据的横向柱状图。

注意：在实际环境中，可能需要安装 Pandas 和 Matplotlib 库。可以使用以下命令来安装：

pip install pandas matplotlib

此外，还可以根据需要调整图表样式，如更改颜色、添加图例等。Matplotlib

库提供了丰富的功能来满足人们的可视化需求。

第二节　Python AI 绘图

一、AI 绘图

AI 绘图，即人工智能绘图，是使用人工智能技术来创建图像的过程。这通常涉及机器学习算法，这些算法被训练成能够理解和解释图像数据，并根据输入的指导或数据来生成新的图像。

近年来，AI 绘图领域取得了显著的进步，特别是在深度学习技术的推动下。一些先进的 AI 绘图工具能够生成非常逼真和令人印象深刻的图像，它们在许多情况下甚至可以与人类艺术家的作品相媲美。

AI 绘图有多种应用，包括艺术、设计、娱乐、科学研究等。例如，艺术家可以使用 AI 工具作为创作灵感的一部分，设计师可以使用 AI 来自动生成草图或原型，而科学家可以利用 AI 绘图来可视化复杂的数据集或模拟实验结果。

此外，AI 绘图也引发了一些关于版权和伦理问题的讨论。例如，当 AI 生成的图像与人类艺术家的作品相似时，谁应该被认为是作品的创作者？这些问题在 AI 技术不断发展和应用的过程中需要得到解决。

二、Python AI 绘图的库和工具

Python 在 AI 绘图领域非常受欢迎，因为它拥有强大的机器学习库和框架，如 TensorFlow 和 PyTorch，以及专门用于数据可视化和图形生成的库，如 Matplotlib 和 Plotly。不过，当我们谈论 AI 绘图时，通常是指使用机器学习算法，特别是深度学习，来生成或操作图像。以下是一些 Python 中常用的库和工具，以及它们如何用于 AI 绘图。

TensorFlow：TensorFlow 是一个开源机器学习框架，它提供了强大的深度学习功能，可以用于构建和训练神经网络模型，包括生成对抗网络（generative adversarial networks，GAN）等。TensorFlow 也提供了可视化工具 TensorBoard，可以帮助用户监控和调试模型训练过程。

PyTorch：PyTorch 是另一个流行的深度学习框架，它提供了类似于 TensorFlow

的功能，但具有更加灵活和易于使用的 API。PyTorch 也支持 GPU 加速，并且可以与 NumPy 等科学计算库无缝集成。

Keras：Keras 是一个高级神经网络库，它提供了简单易用的 API，可以方便构建和训练深度学习模型。Keras 可以作为 TensorFlow 或 Theano 等后端库的封装器，使得用户可以更加专注于模型的设计和实现。

Matplotlib：Matplotlib 是一个 Python 绘图库，它可以用于绘制各种静态、动态、交互式的 2D 和 3D 图形。Matplotlib 提供了丰富的绘图函数和工具，可以满足大多数绘图需求。

Plotly：Plotly 是一个交互式绘图库，它可以用于创建各种图表，包括散点图、折线图、热力图、条形图等。Plotly 支持多种数据格式，可以与 Pandas 等数据处理库无缝集成，并且提供了丰富的定制选项和交互式功能。

Bokeh：Bokeh 是另一个交互式绘图库，它专门用于创建 Web 浏览器中的交互式数据可视化。Bokeh 提供了多种图表类型和工具，可以方便创建复杂的交互式数据可视化应用程序。

Seaborn：Seaborn 是一个基于 Matplotlib 的统计图形库，它提供了大量高级的绘图函数和样式设置，可以方便地创建各种美观的统计图形。

GANs(生成对抗网络)：GANs 是一种深度学习模型，它可以用于生成各种逼真的图像、音频和视频等。在 Python 中，可以使用 TensorFlow、PyTorch 等深度学习框架来实现 GANs，并使用 Matplotlib 等库来可视化生成的图像。

这些库和工具可以帮助我们实现各种复杂的 AI 绘图任务，包括数据可视化、图像处理、生成艺术等。我们可以根据自己的需求和兴趣选择合适的库和工具进行学习和实践。

三、Python 实现 AI 绘图实例

要实现 AI 绘图，一种常见的方法是使用生成对抗网络(GANs)。以下是一个简单的 Python 实例，说明如何使用 TensorFlow 和 Keras 构建和训练一个简单的 GAN，用于生成手写数字图像(基于 MNIST 数据集)。

首先，请确保计算机已经安装了 TensorFlow 和 Keras。可以使用 pip 来安装：

pip install tensorflow

请注意，根据环境和 TensorFlow 的版本，安装命令可能有所不同。以下是一

个简单的 GAN 实现：

```
import tensorflow as tf
from tensorflow. keras import layers
from tensorflow. keras. datasets import mnist


# 加载 MNIST 数据集
(train_images, _), (_, _) = mnist. load_data()
train_images = train_images. reshape(train_images. shape[0], 28, 28, 1). astype('float32')
train_images = (train_images - 127.5) / 127.5   # 归一化到[-1, 1]


# 定义生成器模型
def build_generator(latent_dim):
    model = tf. keras. Sequential()

    model. add(layers. Dense(7 * 7 * 256, use_bias = False, input_shape = (latent_dim,)))
    model. add(layers. BatchNormalization())
    model. add(layers. LeakyReLU())

    model. add(layers. Reshape((7, 7, 256)))

    model. add(layers. Conv2DTranspose(128, (5, 5), strides = (1, 1), padding = 'same', use_bias = False))
    model. add(layers. BatchNormalization())
    model. add(layers. LeakyReLU())

    model. add(layers. Conv2DTranspose(64, (5, 5), strides = (2, 2), padding = 'same', use_bias = False))
    model. add(layers. BatchNormalization())
```

```
        model. add(layers. LeakyReLU())

        model. add (layers. Conv2DTranspose (1, (5, 5), strides = (2, 2),
padding = 'same', use_bias = False, activation = 'tanh'))

        return model

    # 定义判别器模型
    def build_discriminator() :
        model = tf. keras. Sequential()

        model. add(layers. Conv2D(64, (5, 5), strides = (2, 2), padding = 'same',
input_shape = [28, 28, 1]))
        model. add(layers. LeakyReLU())
        model. add(layers. Dropout(0. 3))

        model. add(layers. Conv2D(128, (5, 5), strides = (2, 2), padding = 'same'))
        model. add(layers. LeakyReLU())
        model. add(layers. Dropout(0. 3))

        model. add(layers. Flatten())
        model. add(layers. Dense(1))

    return model

    # 构建和编译 GAN
    latent_dim = 100
    generator = build_generator(latent_dim)
    discriminator = build_discriminator()
    discriminator. compile(loss = 'binary_crossentropy', optimizer = 'adam', metrics = ['
```

accuracy'])

```
discriminator. trainable = False
gan = tf. keras. Sequential([generator, discriminator])
gan. compile(loss = 'binary_crossentropy', optimizer = 'adam')
```

\# 训练 GAN 的代码会相当长, 并且需要包括数据加载、模型训练循环、损失函数计算等。

\# 这里只是展示了如何构建 GAN 的基本组件。

\# 注意: 为了完整运行这个示例, 还需要编写训练循环和其他必要的代码部分。

上面的代码只展示了如何构建 GAN 的生成器和判别器组件。为了完成这个示例, 需要编写一个训练循环, 该循环将交替更新判别器和生成器。训练 GAN 通常需要大量的时间和计算资源, 因此建议使用 GPU 来加速训练过程。

完整的 GAN 训练代码会涉及以下步骤:

第一步, 定义损失函数(通常是二元交叉熵损失)。

第二步, 编写一个训练循环, 其中包括:

- 从潜在空间中随机采样噪声向量。
- 生成假图像。
- 获取真实图像。
- 训练判别器以区分真实和假图像。
- 训练生成器以欺骗判别器。

第三步, 反复执行训练循环, 直到达到满意的生成结果或训练时间。

由于篇幅限制, 这里无法展示完整的训练代码。我们可以在网上找到许多完整的 GAN 教程和示例代码, 它们会提供训练循环和其他必要的实现细节。

第八章　ChatGPT 与 Python

ChatGPT 与 Python 的结合使开发者能够利用 Python 的编程能力和 OpenAI 提供的 API，轻松实现与 ChatGPT 模型的自然语言交互，从而构建智能、灵活且可定制化的应用程序和服务。

ChatGPT 与 Python 的协作开启了自然语言处理的新篇章，Python 的强大编程功能和 OpenAI 的先进模型相互补充，使开发者能够快速、高效地构建具备高度智能化和个性化特征的应用程序，进而推动人工智能技术在各个领域的广泛应用和创新。

ChatGPT 与 Python 的紧密结合，为自然语言处理和人工智能领域注入了新的活力。借助 Python 的易读性和高效性，开发者能够轻松地实现与 ChatGPT 的深度集成，快速构建强大且富有创意的智能应用。这种融合不仅推动了技术的进步，还为我们的日常生活和工作带来了更多便利和可能性。

第一节　ChatGPT 技术

一、ChatGPT 的工作原理

ChatGPT 是一种基于自然语言处理的神经语言模型，由 OpenAI 开发。其核心技术是 GPT-3 架构，即生成式语言模型的第 3 代。ChatGPT 使用大量的训练数据来模拟人类的语言行为，并通过语法和语义分析，生成人类可以理解的文本。它可以根据上下文和语境，提供准确和恰当的回答，并模拟多种情绪和语气。ChatGPT 是一种基于自然语言生成的对话系统，基于深度学习技术，通过大量的文本数据训练模型，使其能够理解和生成自然语言文本。其工作原理如下。

当用户输入一条消息时，ChatGPT 会将输入的消息与之前的对话历史拼接起来，形成一个"输入序列"。这个输入序列会被传递给一个名为 Transformer 的神经网络模型。Transformer 模型对输入序列进行编码，并使用这些编码来生成输出序列。ChatGPT 将输出序列解码为文本输出，即 ChatGPT 的回答。

在技术上，ChatGPT 使用了称为 Transformer 的神经网络架构，这一架构能够从输入的文本中学习语言模型并生成输出文本。模型还使用了注意力机制，使其在处理序列时能够更准确地关注重要的单词。通过不断迭代训练，模型就能够学会在语境中准确预测下一个单词，从而生成连贯的文本。其工作原理可以分为以下几个步骤。

第一步，数据收集。ChatGPT 首先需要收集大量的文本数据，这些数据可以来自互联网、图书、期刊等各种来源。

第二步，数据预处理。收集到的文本数据需要进行预处理，如去除标点符号、停用词、拼写错误等。

第三步，模型训练。ChatGPT 使用深度学习技术，基于大量的文本数据训练一个语言模型。这个模型可以预测给定一个输入序列，下一个单词或句子的概率分布。

第四步，生成回答。当用户输入一个问题或句子时，ChatGPT 会将其输入模型，并根据模型的预测结果生成一个回答或响应。这个回答或响应可以是文本、语音或其他形式。

第五步，反馈机制。ChatGPT 还具有反馈机制，可以根据用户的反馈来不断优化和改进模型的性能。

总的来说，ChatGPT 的工作原理是基于大量的文本数据训练一个语言模型，并根据用户的输入生成回答或响应。这个过程涉及自然语言处理、深度学习、机器学习等技术领域。

二、ChatGPT 的应用领域

ChatGPT 的应用场景非常广泛，可以为各个领域提供智能化的支持和服务。比如，在社交媒体领域，可以用于聊天机器人、自动文本生成、语音识别和自然语言处理等。在教育领域，ChatGPT 可以帮助教师备课、准备设计和制作教学材料、获取教学活动设计的思路、个性化回应学生的问题等。此外，ChatGPT 还可以被用于智能客服、智能助手、自然语言生成、医疗行业、金融行业、智能家居、娱乐行业、社交领域等领域。以下是一些主要的应用场景。

一是智能客服。ChatGPT 可以根据用户的提问，自动生成自然语言回复，为企业提供 24 小时不间断的客服支持。

二是智能助手。ChatGPT 可以应用于智能音箱、智能家居等领域，实现与用户的自然语言交互，提供智能化的生活服务。

三是自然语言生成。ChatGPT 可以生成自然语言文本，如新闻报道、故事、诗歌等，为文学创作和新闻写作等领域提供支持。

四是医疗行业。ChatGPT 在医疗领域有着广泛的应用，如医学问诊、健康咨询、心理辅导等。ChatGPT 可以根据用户提供的症状和病史，模拟医生的问诊流程，进行初步的诊断和治疗建议。

五是金融行业。ChatGPT 在金融领域的应用也十分广泛，如客户服务、智能投顾、风险控制等。ChatGPT 可以模拟银行、证券、保险等金融机构的服务人员，为用户提供 24 小时不间断的客户服务。

六是 教育行业。ChatGPT 在教育领域的应用主要包括在线辅导、智能答疑、语言学习等。ChatGPT 可以通过分析用户提出的问题和需求，提供精准的解答和解决方案。

七是娱乐行业。ChatGPT 在娱乐领域的应用主要包括虚拟人物、游戏开发、智能编剧等。ChatGPT 可以模拟虚拟人物，与用户进行互动和交流。

八是智能家居。ChatGPT 可以用于智能家居设备的语音控制和智能推荐，提高用户的生活质量和便利程度。

九是社交领域。ChatGPT 可以用于社交领域的智能推荐和智能对话，帮助用户扩大社交圈子和提高社交效率。

三、ChatGPT 的优势

ChatGPT 是一种基于人工智能技术的对话模型，具有许多优点，包括但不限于以下几个方面。

一是自然、流畅的对话体验。ChatGPT 具有出色的语言生成能力，可以产生自然、流畅的语言，让用户在进行对话时感觉非常自然，因为 ChatGPT 能够有效地模拟人类对话。

二是多样化的应用场景。ChatGPT 可以应用于多种场景，如智能客服、教育、娱乐等领域，能够根据用户需求提供多样化的服务和解决方案，具有广泛的应用前景。

三是强大的语言理解能力。ChatGPT 能够理解复杂的语言结构和语义关系，从而准确理解用户输入的问题或需求，并给出相应的回答或建议。

四是高度可定制化和可扩展性。ChatGPT 可以根据不同的应用场景和需求进行定制化和扩展，可以轻松地适应各种新的任务和领域，具有很强的灵活性和可扩展性。

五是节省人力成本，提高效率。ChatGPT 可以作为一种智能客服或助手，能够自动回答用户的问题或完成一些任务，从而节省了大量的人力成本，提高了工作效率。

需要注意的是，虽然 ChatGPT 具有许多优点，但它存在一些局限性和挑战，如对于某些特定领域的问题可能无法给出准确的回答，或者在某些情况下可能产生误导性的信息。因此，在使用 ChatGPT 时需要结合具体场景和需求进行评估和选择。

第二节　通过 Python 实现 ChatGPT

一、ChatGPT 和 Python 的关系

ChatGPT 是一种基于自然语言处理技术的聊天机器人，而 Python 是一种流行的编程语言。虽然它们看起来毫不相关，但实际上它们可以结合起来使用，以实现更复杂的任务。

Python 是一种非常适合自然语言处理的编程语言，因为它有许多强大的库和工具，如 NLTK、spaCy 和 gensim 等。这些库和工具可以帮助开发人员处理和分析自然语言数据，如文本、语音和对话等。

ChatGPT 可以通过 Python 的 API 进行访问和使用。开发人员可以使用 Python 编写程序来调用 ChatGPT，让它进行自然语言处理任务，如文本分类、情感分析、问答系统等。同时，ChatGPT 也可以通过 Python 与其他系统进行集成，如与数据库、Web 应用程序等进行交互。

总之，Python 和 ChatGPT 可以结合起来使用，以实现更复杂的自然语言处理

任务。开发人员可以利用 Python 的强大功能和库来调用和处理 ChatGPT，从而实现更高效的自然语言处理应用。

二、Python 实现 ChatGPT 的步骤

Python 是一种广泛使用的编程语言，它在自然语言处理和机器学习领域也有很多应用。ChatGPT 是一种自然语言生成技术，可以使用 Python 来实现。在 Python 中，有许多自然语言处理库可供使用，如 NLTK、spaCy 和 gensim 等。这些库提供了各种工具和技术，可用于文本预处理、分词、词性标注、命名实体识别等任务。此外，Python 还有许多机器学习框架，如 TensorFlow 和 PyTorch，可用于构建和训练 ChatGPT 模型。

使用 Python 来实现 ChatGPT 可以采用以下步骤。

第一步，数据收集。收集大量的文本数据，如新闻文章、博客、社交媒体帖子等。

第二步，数据预处理。对数据进行清洗和处理，如去除标点符号、停用词、拼写错误等。

第三步，模型构建。使用 Python 的自然语言处理库和机器学习框架，如 TensorFlow 或 PyTorch，构建 ChatGPT 模型。模型可以采用循环神经网络(RNN)、长短时记忆网络(LSTM)、Transformer 等结构。

第四步，模型训练。使用收集到的数据对模型进行训练，以使其能够生成自然语言文本。

第五步，模型评估。对训练好的模型进行评估，如使用 BLEU、ROUGE 等指标来评估模型的生成文本与真实文本之间的相似度。

第六步，模型部署。将训练好的模型部署到生产环境中，如将其集成到网站或应用程序中，以提供自然语言生成功能。

需要注意的是，ChatGPT 模型的训练需要大量的计算资源和时间，因此可能需要使用云计算服务来加速训练过程。此外，模型的性能受到数据集质量和模型结构的影响，因此需要仔细选择数据集和模型结构。

三、Python 实现 ChatGPT 的具体应用

Python 实现 ChatGPT 的具体应用非常广泛，可以为各个领域带来智能化和便

利化的改变。主要包括以下几个方面。

对话系统：使用 ChatGPT 技术可以构建智能对话系统，如智能客服、智能助手等。这些系统可以理解用户的自然语言输入，并生成自然语言回复，提供智能化的交互体验。

文本生成：ChatGPT 技术可以用于生成各种类型的文本，例如新闻报道、小说、诗歌等。通过输入一些关键词或主题，模型可以自动生成符合要求的文本内容。

情感分析：ChatGPT 技术可以用于分析和识别文本中所包含的情感色彩，例如正面情感、负面情感等。这种应用可以应用于社交媒体监测、市场调查等领域。

机器翻译：ChatGPT 技术可以用于将一种语言翻译成另一种语言，如英语翻译成中文。这种应用可以应用于跨国交流、国际贸易等领域。

问答系统：ChatGPT 技术可以用于构建智能问答系统，如智能搜索引擎、智能知识库等。这些系统可以理解用户的自然语言问题，并生成自然语言答案，提供智能化的知识服务。

文本摘要：ChatGPT 技术可以用于自动生成文本摘要，如新闻摘要、科技论文摘要等。这种应用可以帮助人们快速了解和掌握大量信息。

语音识别：ChatGPT 技术可以与语音识别技术结合使用，将语音转换成文本，并生成自然语言回复。这种应用可以应用于智能家居、智能医疗等领域。

个性化推荐：ChatGPT 技术可以根据用户的兴趣和历史行为，生成个性化的推荐内容，如商品推荐、电影推荐等。这种应用可以提高用户的满意度和购买率。

第三节　通过 Python 实现 ChatGPT 人机对话

一、人机对话系统

人机对话系统是一种通过自然语言处理技术实现人与计算机之间交互的系统。这种系统可以理解人类的语言，并通过计算机生成自然语言回复，从而实现人与计算机之间的对话。人机对话系统可以应用于许多领域，如智能客服、智能家居、智能助手等。通过人机对话系统，人们可以更方便地与计算机进行交互，从而提高工作效率和生活品质。人机对话系统在自然语言处理方面取得了许多进展，主要表现在以下几个方面。

语音识别：随着深度学习技术的发展，人机对话系统的语音识别准确率得到了大幅提升。目前，一些先进的语音识别系统已经可以实现接近人类水平的语音识别准确率，这为人机对话系统的普及和应用奠定了坚实的基础。

自然语言理解：人机对话系统的自然语言理解能力也得到了显著提升。通过深度学习和自然语言处理技术的结合，系统可以更加准确地理解人类输入的自然语言，并从中提取出关键信息，如意图、实体等。这对于实现更加智能化、人性化的人机对话系统具有重要意义。

自然语言生成：人机对话系统的自然语言生成能力也得到了大幅提升。通过深度学习和自然语言处理技术的结合，系统可以生成更加自然、流畅的语言回复，从而提高用户的使用体验。此外，一些先进的自然语言生成技术还可以实现多种语言之间的互译，为人机对话系统的国际化应用提供了支持。

多模态交互：随着 5G 和边缘计算的逐步成熟和普及，人机对话系统正在朝着多模态交互的方向发展。这意味着系统不仅可以处理文本信息，还可以处理图像、语音、视频等多种模态的信息。这种多模态交互的能力将为人机对话系统带来更加丰富的应用场景和更加高效的信息处理能力。

总的来说，人机对话系统在自然语言处理方面取得了显著的进展，这为人机交互技术的发展奠定了坚实的基础。未来，随着人工智能技术的不断发展，人机对话系统会得到越来越广泛的应用和推广。

二、Python 实现 ChatGPT 人机对话

以下是一个简单的通过 Python 实现 ChatGPT 人机对话的示例代码：

```python
import openai

# 设置 OpenAI API 密钥
openai. api_key = "YOUR_API_KEY"

# 初始化 ChatGPT 模型
```

```
model = openai. Model("text-davinci-003")

# 定义对话函数
def chat(prompt):
    # 发送输入文本给模型，生成输出文本
    response = model. generate(prompt, max_tokens = 100)

    # 返回输出文本
    return response. choices[0]. text. strip()

# 主程序
if __name__ == '__main__':
    # 欢迎信息
    print("欢迎使用 ChatGPT 人机对话系统!")
    print("请输入你的问题或话题，按回车键结束。")

    # 对话循环
    while True:
        # 获取用户输入
        user_input = input()

        # 调用对话函数，获取模型输出
        model_output = chat(user_input)

        # 输出模型输出
        print("ChatGPT:", model_output)
```

在上面的示例代码中，我们定义了一个 chat 函数，用于将用户输入发送给 ChatGPT 模型，并返回模型的输出文本。然后，我们在主程序中欢迎用户，并进入一个无限循环，等待用户输入。每次用户输入后，我们调用 chat 函数获取模型输出，并将其打印到屏幕上。这样就可以实现一个简单的 ChatGPT 人机对话系统。

除了使用 OpenAI 的 API，还有其他实现 ChatGPT 人机对话的方法。一种方法是使用第三方库，如 ChatGPT_PyBot。这个库可以通过一行命令进行安装（pip install ChatGPT_PyBot --upgrade），然后需要配置登录验证信息。完成这些步骤后，可以在终端（命令行）中执行 ChatGPT 命令进入交互式对话框，或者添加问题参数进行单次提问，如 chatgpt your question。

另外，如果在 Python 中调用 ChatGPT，可以创建一个 ChatBot 机器人并进行对话。具体实现可以参考相关代码示例。总的来说，可以根据具体需求和场景选择适合的方法来实现 ChatGPT 人机对话。

第四节　通过 Python 实现 ChatGPT 智能客服

一、ChatGPT 智能客服

智能客服是一个在大规模知识处理基础上发展起来的一项面向行业应用的技术手段。它涉及大规模知识处理技术、自然语言理解技术、知识管理技术、自动问答系统、推理技术等，具有行业通用性。它不仅为企业提供了细粒度知识管理技术，还为企业与海量用户之间的沟通建立了一种基于自然语言的快捷有效的技术手段。同时，智能客服还能够为企业提供精细化管理所需的统计分析信息。

智能在线客服可以与用户进行基本的沟通，并自动回复用户有关产品或服务的问题，从而 24 小时在线，降低企业客服运营成本、提升用户体验。对于重复性的问题，智能机器人可以分担人工客服的工作，简单的问题可以交给智能语音机器人来做。智能客服电话则可以通过音色合成或真人录音来接听电话，进行专业的业务解答，主动引导销售过程。

ChatGPT 智能客服是一种利用自然语言生成技术实现的人机对话系统，可以自动回答用户的问题和提供相关信息。以下是 ChatGPT 智能客服的一些特点和优势。

一是自然语言处理能力强。ChatGPT 智能客服采用先进的自然语言处理技术，可以理解人类输入的自然语言，并从中提取出关键信息，如意图、实体等。这使得 ChatGPT 智能客服能够更加准确地回答用户的问题。

二是智能化程度高。ChatGPT 智能客服采用深度学习技术，可以通过大量的训练数据不断优化自身的性能和能力。这使得 ChatGPT 智能客服能够逐渐积累更多的知识和经验，提高其对人类提出问题的理解和回答能力。

三是交互性好。ChatGPT 智能客服采用人机交互技术，可以实现与人类的有效沟通和交互。用户可以通过自然语言输入问题或话题，ChatGPT 智能客服则可以生成自然、流畅的语言回复，从而提高用户的使用体验。

四是可扩展性强。ChatGPT 智能客服可以采用模块化设计，可以根据具体的应用场景和需求进行定制和扩展。这使得 ChatGPT 智能客服可以适用于不同的领域和场景，如智能客服、智能家居、智能助手等。

五是成本低。ChatGPT 智能客服可以大幅度降低人工客服的成本，提高客服效率和质量。同时，由于其具有较强的自主学习能力，可以减少人工干预和维护的成本。

二、ChatGPT 智能客服的应用场景

ChatGPT 智能客服是一种具有广泛应用前景的人机对话系统，可以为各个领域带来智能化和便利化的改变。ChatGPT 智能客服在各个领域都有具体的应用案例，以下是一些典型的领域和应用场景。

在金融服务上：ChatGPT 智能客服可以用于客户服务、自动化答疑、交易决策等方面。例如，美国的 JPMorgan Chase 在机器人智能化客户服务中就采用了 ChatGPT 技术。

在医疗保健上：ChatGPT 智能客服可以用于医疗保健机构的客户服务、智能问诊、自动化病历记录等方面。例如，微软开发了一个名为 Healthcare Bot 的应用程序，它利用 ChatGPT 技术来与患者进行交互和诊断。

在教育领域上：ChatGPT 智能客服可以用于在线编程教育平台，帮助学生解决问题和提供个性化的学习建议。

在电子商务上：ChatGPT 智能客服可以用于电子商务网站的在线客服支持和个性化推荐服务。

在法律咨询上：ChatGPT 智能客服可以用于在线法律咨询平台，为用户提供法律建议和咨询服务。

在广告推广上：ChatGPT 智能客服可以用于智能化的广告推广平台，为广告

主提供高效和精准的广告投放服务。

在娱乐领域上：ChatGPT 智能客服可以用于在线娱乐平台，提供个性化的娱乐推荐和建议。

在人工智能助手上：ChatGPT 智能客服可以作为人工智能助手的核心技术，为用户提供各种语音交互服务和自动化处理功能。

三、Python 实现 ChatGPT 智能客服实例

以下是一个简单的通过 Python 实现 ChatGPT 智能客服的示例代码。

```python
import openai

# 设置 OpenAI API 密钥
openai. api_key = "YOUR_API_KEY"

# 初始化 ChatGPT 模型
model = openai. Model("text-davinci-003")

# 定义客服函数
def chatbot(prompt):
    # 发送输入文本给模型，生成输出文本
    response = model. generate(prompt, max_tokens = 100)

    # 返回输出文本
    return response. choices[0]. text. strip()

# 主程序
if __name__ == '__main__':
    # 欢迎信息
    print("欢迎使用 ChatGPT 智能客服!")
    print("请输入您的问题或话题，按回车键结束。")
```

```
# 对话循环
while True：
        # 获取用户输入
        user_input = input( )

        # 调用客服函数，获取模型输出
        model_output = chatbot( user_input)

        # 输出模型输出
        print( "ChatGPT 智能客服：", model_output)
```

在上面的示例代码中，我们定义了一个 chatbot 函数，用于将用户输入发送给 ChatGPT 模型，并返回模型的输出文本。然后，我们在主程序中欢迎用户，并进入一个无限循环，等待用户输入。每次用户输入后，我们调用 chatbot 函数获取模型输出，并将其打印到屏幕上。这样就可以实现一个简单的 ChatGPT 智能客服。

四、ChatGPT 智能视频客服

ChatGPT 智能视频客服是一种结合 ChatGPT 技术和视频客服的新型客户服务方式。通过 ChatGPT 技术，智能视频客服可以实现自然语言生成和理解，从而与客户进行更加自然、流畅的对话。同时，结合视频通话技术，智能视频客服还可以实现面对面交流，提高客户服务的真实感和可信度。ChatGPT 智能视频客服的具体应用场景可以包括以下几个方面。

在远程开户方面：在金融行业中，ChatGPT 智能视频客服可以用于远程开户。客户可以通过视频通话与客服进行面对面交流，同时利用 ChatGPT 技术确认客户身份，从而实现远程开户。

在保险理赔方面：在保险行业中，ChatGPT 智能视频客服可以用于保险理赔。客户可以通过视频通话向客服展示相关证据，客服则可以利用 ChatGPT 技术对证据进行分析和处理，从而加快理赔流程。

在线上咨询方面：在电商行业中，ChatGPT 智能视频客服可以用于线上咨询。客户可以通过视频通话向客服咨询商品信息、售后服务等问题，客服则可以利用 ChatGPT 技术对问题进行回答和解释。

　　在远程医疗方面：在医疗行业中，ChatGPT 智能视频客服可以用于远程医疗。患者可以通过视频通话向医生咨询病情、治疗方案等问题，医生则可以利用 ChatGPT 技术对患者的问题进行回答和解释，从而提供更加便捷的医疗服务。

　　在线上教育方面：在教育行业中，ChatGPT 智能视频客服可以用于线上教育。学生可以通过视频通话向老师咨询问题、寻求帮助，老师则可以利用 ChatGPT 技术对学生的问题进行回答和解释，从而提供更加个性化的教育服务。

五、Python 实现 ChatGPT 智能视频客服实例

　　以下是一个简单的通过 Python 实现 ChatGPT 智能视频客服的示例代码。

```
import openai
import cv2
import speech_recognition as sr
import pyttsx3

# 设置 OpenAI API 密钥
openai. api_key = "YOUR_API_KEY"

# 初始化 ChatGPT 模型
model = openai. Model("text-davinci-003")

# 初始化语音识别器
r = sr. Recognizer()

# 初始化语音合成器
engine = pyttsx3. init()

# 定义客服函数
def chatbot(prompt):
    # 发送输入文本给模型，生成输出文本
    response = model. generate(prompt, max_tokens = 100)
```

```python
        # 返回输出文本
        return response. choices[0]. text. strip()


    # 视频通话循环
    cap = cv2. VideoCapture(0)
    while True:
        # 获取摄像头画面
        ret, frame = cap. read()
        cv2. imshow('Video', frame)


        # 获取用户语音输入
        with sr. Microphone() as source:
            r. adjust_for_ambient_noise(source)
            audio = r. listen(source)
        try:
            # 将语音输入转换为文本输入
            user_input = r. recognize_google(audio). lower()
            print("User:", user_input)
            # 调用客服函数, 获取模型输出
            model_output = chatbot(user_input)
            print("ChatGPT:", model_output)


            # 将模型输出转换为语音输出
            engine. say(model_output)
            engine. runAndWait()
        except:
            pass


        # 按下 'q' 键退出视频通话循环
        if cv2. waitKey(1) & 0xFF == ord('q'):
```

```
        break
```

```
# 释放摄像头资源并关闭窗口
cap. release( )
cv2. destroyAllWindows( )
```

在上面的示例代码中，我们使用 OpenCV 库来获取摄像头画面并显示窗口，使用 SpeechRecognition 库来获取用户语音输入并将其转换为文本输入，使用 pyttsx3 库将模型输出转换为语音输出。我们还定义了 chatbot 函数来调用 ChatGPT 模型并生成输出文本。在视频通话循环中，我们不断获取摄像头画面并等待用户输入，然后调用 chatbot 函数获取模型输出，并将其转换为语音输出。最后，我们按下 q 键退出视频通话循环，释放摄像头资源并关闭窗口。

六、Python 实现 ChatGPT 聊天机器人实例

以下是使用 Python 实现 ChatGPT 聊天机器人的示例代码。

```
import openai

# 设置 OpenAI API 密钥
openai. api_key = "YOUR_API_KEY"

# 初始化 ChatGPT 模型
model = openai. Model( "text-davinci-003" )

# 定义聊天机器人函数
def chatbot( prompt) :
    # 发送输入文本给模型，生成输出文本
    response = model. generate( prompt, max_tokens = 100)

    # 返回输出文本
    return response. choices[0]. text. strip( )
```

```
# 聊天机器人循环
while True：
    # 获取用户输入
    user_input = input("You：")

    # 调用聊天机器人函数，获取模型输出
    model_output = chatbot(user_input)

    # 打印模型输出
    print("ChatGPT：", model_output)
```

在上面的示例代码中，我们使用了 OpenAI Python 库来调用 ChatGPT 模型。我们首先设置了 OpenAI API 密钥，然后初始化了 ChatGPT 模型。接着，我们定义了 chatbot 函数来调用模型并生成输出文本。在聊天机器人循环中，我们不断获取用户输入并调用 chatbot 函数获取模型输出，然后打印输出文本。这样我们就可以与 ChatGPT 聊天机器人进行对话了。

第五节 通过 Python 实现 ChatGPT 个性化推荐

一、个性化推荐概述

个性化推荐是根据用户的兴趣、偏好和行为，为用户推荐相关的商品、服务或信息。它是现代电子商务和数字营销中的重要技术之一，旨在提高用户的满意度和忠诚度，增加销售额和利润。个性化推荐的常用方法包括以下几种。

一是协同过滤（collaborative filtering）。基于用户的历史行为数据，寻找与目标用户兴趣相似的其他用户，然后根据这些相似用户的兴趣为目标用户推荐商品或服务。

二是内容过滤（content filtering）。基于商品或服务的属性、特征和描述等信息，为目标用户推荐与其兴趣相关的商品或服务。

三是混合过滤（hybrid filtering）。结合协同过滤和内容过滤的方法，综合考虑用户的历史行为数据和商品或服务的属性特征，为目标用户推荐相关商品或服务。

四是基于深度学习的推荐。使用深度学习算法，如神经网络、卷积神经网络、循环神经网络等，对用户数据和商品数据进行建模和分析，为目标用户推荐相关商品或服务。

个性化推荐的应用场景非常广泛，包括电子商务网站、在线视频平台、音乐流媒体、社交媒体等。通过个性化推荐，可以提高用户的满意度和忠诚度，增加销售额和利润，同时也可以帮助商家更好地了解用户需求和市场趋势，改进产品和服务。

二、个性化推荐的经典案例

个性化推荐已经成为现代电子商务和数字营销中的重要技术之一，可以提高用户的满意度和忠诚度，增加销售额和利润。以下是一些有关个性化推荐的经典案例。

1. Amazon 的推荐系统

Amazon 是个性化推荐的先驱之一，其推荐系统基于用户的购买历史、浏览记录和评价等信息，为用户提供个性化的商品推荐。例如，当用户浏览一本书时，Amazon 的推荐系统会根据用户的购买历史和浏览记录，推荐与该书相关的其他图书或产品。

2. Netflix 的电影推荐

Netflix 是一个在线视频流媒体平台，其推荐系统基于用户的观看历史和评价信息，为用户提供个性化的电影推荐。例如，当用户观看一部电影时，Netflix 的推荐系统会根据用户的观看历史和评价信息，推荐与该电影类似的其他电影或剧集。

3. Spotify 的音乐推荐

Spotify 是一个音乐流媒体平台，其推荐系统基于用户的听歌历史、播放列表和喜欢的歌曲等信息，为用户提供个性化的音乐推荐。例如，当用户听一首歌时，Spotify 的推荐系统会根据用户的听歌历史和喜欢的歌曲，推荐与该歌曲类似的其他歌曲或艺人。

4. 淘宝的商品推荐

淘宝是中国较大的电商平台之一，其推荐系统基于用户的购买历史、浏览记录和评价等信息，为用户提供个性化的商品推荐。例如，当用户浏览一种商品时，淘宝的推荐系统会根据用户的购买历史和浏览记录，推荐与该商品相关的其他商品或店铺。

5. YouTube 的视频推荐

YouTube 是全球最大的视频分享平台之一，其推荐系统基于用户的观看历史、搜索记录和喜欢的视频等信息，为用户提供个性化的视频推荐。例如，当用户观看一个视频时，YouTube 的推荐系统会根据用户的观看历史和喜欢的视频，推荐与该视频类似的其他视频或频道。

三、Python 实现 ChatGPT 个性化推荐的步骤

Python 实现 ChatGPT 个性化推荐的步骤是基于机器学习和数据挖掘技术，通过对用户和 ChatGPT 对话的分析和建模，预测用户可能感兴趣的物品或服务，并生成个性化的推荐列表。这个推荐列表会根据用户的兴趣和行为预测出来，因此应该具有较高的准确性和相关性。同时，还需要根据用户反馈和业务目标的变化，对推荐系统进行迭代优化，以提高推荐系统的性能和准确性。Python 实现 ChatGPT 个性化推荐的步骤可以分为以下几个方面。

第一步，数据收集和处理。收集用户在与 ChatGPT 对话中产生的历史数据和行为数据，如用户的提问、回答、评价等。对这些数据进行清洗和预处理，去除噪声和无效数据，将数据进行标准化和转化，以便后续的分析和建模。

第二步，特征提取。从用户数据和 ChatGPT 对话数据中提取特征，如用户的兴趣爱好、偏好、地理位置等，以及对话的主题、内容、情感等。这些特征可以被用于表示用户和对话的特点。

第三步，模型选择和训练。根据推荐目标和数据特点，选择合适的推荐算法和模型。例如，基于内容的推荐、基于协同过滤的推荐、基于深度学习的推荐等。然后，使用 Python 编写程序，实现选择好的算法和模型，对用户数据和 ChatGPT 对话数据进行训练，得到推荐模型。

第四步，推荐生成。使用 Python 编写程序，根据训练好的推荐模型，对用户进行个性化推荐。可以根据用户的当前行为和数据，以及 ChatGPT 对话的主题和内容，生成个性化的推荐列表。这个推荐列表会根据用户的兴趣和行为预测出来，因此应该具有较高的准确性和相关性。

第五步，反馈和调整。通过对用户反馈和行为的分析，对推荐系统进行调整和优化，不断提高推荐系统的性能和准确性。可以使用 Python 编写程序，根据用户的反馈和行为数据，对推荐算法和模型进行调整和优化，以提高推荐的质量和准确性。

四、Python 实现 ChatGPT 个性化推荐的实例

以下是使用 Python 实现 ChatGPT 个性化推荐的示例代码。

```python
import openai
import pandas as pd

# 设置 OpenAI API 密钥
openai. api_key = "YOUR_API_KEY"

# 初始化 ChatGPT 模型
model = openai. Model("text-davinci-003")

# 加载用户数据
user_data = pd. read_csv("user_data. csv")

# 定义个性化推荐函数
def personalized_recommendation(user_id):
    # 获取用户历史数据
    user_history = user_data[user_data["user_id"] == user_id]["product_name"]. tolist()

    # 生成推荐提示
    prompt = f"根据用户历史数据，推荐相关产品。用户历史数据：{', '. join(user_history)}"

    # 发送输入文本给模型，生成输出文本
```

```
response = model. generate( prompt, max_tokens = 100)
```

```
# 返回输出文本
return response. choices[0]. text. strip( )
```

```
# 个性化推荐示例
user_id = "12345"
recommendation = personalized_recommendation( user_id)
print( f"为用户 {user_id} 推荐的产品是：{recommendation}")
```

在上面的示例代码中，我们使用了 OpenAI Python 库来调用 ChatGPT 模型，并使用 pandas 库来加载用户数据。我们首先设置了 OpenAI API 密钥，然后初始化了 ChatGPT 模型，最后定义了 personalized_recommendation 函数来生成个性化推荐。该函数首先获取指定用户的历史数据，然后生成推荐提示，调用模型并生成输出文本，最后返回输出文本。在示例中，我们为指定用户生成了个性化推荐，并打印了推荐结果。这样我们就可以利用 ChatGPT 模型实现个性化推荐功能。

第九章　数据挖掘与商业智能案例

数据挖掘和商业智能在现代企业中广泛应用于各种场景，旨在从大量数据中提取有价值的信息，以支持决策制定和业务优化。以下是几个概述性的数据挖掘和商业智能案例。

第一节　数据挖掘与商业智能在电商企业中的应用

一、背景介绍

某电商企业是国内领先的在线购物平台，拥有庞大的用户群体和丰富的商品资源。随着市场竞争的加剧和用户需求的多样化，该电商企业面临一系列挑战，包括提高用户体验、增加销售额、优化库存管理等。为了应对这些挑战，该电商企业决定引入数据挖掘与商业智能技术，以更好地了解市场和用户需求，并制定相应的商业策略。

二、数据挖掘应用

1. 用户购买行为分析

该电商企业首先利用数据挖掘技术对用户购买行为进行深入分析。通过关联规则挖掘，企业发现用户在购买某些商品时经常会同时购买其他相关商品，如购买手机时经常会购买手机壳和贴膜。基于这些发现，企业制定了捆绑销售策略，将相关商品组合在一起销售，从而提高了销售额和用户满意度。

此外，该电商企业还利用预测模型对用户未来的购买行为进行预测。通过对用户历史购买数据、浏览行为等信息的分析，预测模型能够准确地预测出用户未来可能购买的商品。这种预测使企业能够提前进行库存规划和采购计划，避免了因缺货而导致的销售损失。

2. 用户细分与个性化推荐

为了更好地满足用户需求，该电商企业利用聚类分析技术将用户划分为不同的细分群体。每个细分群体具有相似的购买行为和兴趣偏好，这使企业能够更深入地了解用户需求，并制定相应的营销策略。

基于用户细分结果，该电商企业构建了个性化推荐系统。该系统结合用户的购买历史、浏览行为、搜索关键词等信息，为用户推荐他们可能感兴趣的商品。个性化推荐显著提高了用户的购买转化率和满意度，使得用户在购物过程中更加便捷和愉悦。

三、商业智能应用

1. 数据可视化与报表生成

该电商企业利用商业智能工具将数据以直观的可视化图表和报表的形式展示出来。这些图表和报表包括销售额和销售量的柱状图、折线图、饼图等，使管理层和业务人员能够快速了解市场情况、销售业绩及用户行为等重要信息。此外，商业智能工具还能够自动生成各种报表，如日报、周报、月报等，为企业决策提供支持。

2. 决策支持系统

该电商企业构建了决策支持系统，整合了多个数据源的数据，为企业提供全面的数据视图。通过该系统，企业能够更全面地了解市场和用户需求，制定更合理的商业策略。

决策支持系统还提供了模拟和预测功能，使企业能够评估不同策略的效果，从而选择最优策略。例如，在制定价格策略时，企业可以通过模拟不同价格下的销售额和利润情况，选择能够获得最大利润的价格策略。

四、成果与影响

通过引入数据挖掘与商业智能技术，该电商企业取得了以下成果。

一是销售额和利润显著增加。通过优化价格策略、制定捆绑销售策略及提供个性化推荐等措施，该电商企业成功提高了销售额和用户满意度，从而增加了利润。

二是库存管理更加精准。利用预测模型对用户未来的购买行为进行预测，该电商企业能够提前进行库存规划和采购计划，避免了因缺货而导致的销售损失。

三是决策效率和准确性提高。通过数据可视化和报表生成功能，管理层和业务人员能够快速了解市场情况和销售业绩等重要信息，提高了决策效率和准确性。同时，决策支持系统的模拟和预测功能也为企业制定更合理的商业策略提供了有力支持。

综上所述，数据挖掘与商业智能技术在电商企业中的应用取得了显著成果，为企业带来了可观的商业价值。未来，随着技术的不断发展和创新，数据挖掘与商业智能将在电商领域发挥更加重要的作用。

五、利用 Python 实现数据挖掘与商业智能在电商企业中的应用

数据挖掘和商业智能在电商企业中的应用非常广泛，这些技术可以帮助电商企业更好地理解客户行为、优化产品推荐、提高销售效率等。以下是一个简化的例子，说明如何使用 Python 来实现数据挖掘和商业智能在电商企业中的应用，其应用场景为销售分析与产品推荐。

1. 数据挖掘部分

（1）数据收集与预处理

使用 Python 的 pandas 库来加载和处理销售数据。

数据清洗，包括处理缺失值、异常值和重复值。

数据转换，如将分类变量转换为数值变量。

（2）销售分析

利用 pandas 和 matplotlib 或 seaborn 库进行销售数据的可视化。

使用 statsmodels 或 scikit-learn 库进行销售趋势的预测分析。

（3）关联规则挖掘

使用 mlxtend 或 apyori 库进行关联规则挖掘，找出经常一起购买的商品组合。

（4）客户细分

利用 scikit-learn 中的聚类算法（如 K-means）对客户进行分群。

2. 商业智能部分

（1）数据可视化与报告

使用 dash 或 streamlit 库创建交互式数据可视化仪表板。

生成销售报告，包括销售额、销售量、客户行为等关键指标。

（2）产品推荐系统

基于关联规则挖掘的结果，构建一个简单的产品推荐系统。

使用协同过滤或基于内容的推荐算法增强推荐系统的准确性。

（3）业务优化建议

根据销售分析和客户细分的结果，为电商企业提供针对性的营销策略建议。

3. Python 实现概述

（1）数据处理

```
import pandas as pd


# 加载数据
df = pd. read_csv('sales_data. csv')


# 数据清洗和预处理
df. dropna(inplace = True)    # 删除缺失值
df['date'] = pd. to_datetime(df['date'])    # 日期转换
```

（2）销售分析可视化

```
import matplotlib. pyplot as plt


# 按月统计销售额
monthly_sales = df. groupby(df['date']. dt. month)['sales_amount']. sum()
```

```python
# 绘制销售额和销售量的柱状图
plt. bar( monthly_sales. index , monthly_sales. values )
plt. xlabel( 'Month' )
plt. ylabel( 'Sales Amount' )
plt. show( )
```

（3）关联规则挖掘

```python
from mlxtend. preprocessing import TransactionEncoder
from mlxtend. frequent_patterns import apriori , association_rules


# 假设数据集已经转换为适合关联规则挖掘的格式
te = TransactionEncoder( )
te_ary = te. fit( df[ 'items' ] ). transform( df[ 'items' ] )
df_items = pd. DataFrame( te_ary , columns = te. columns_ )


# 使用 Apriori 算法找出频繁项集
frequent_itemsets = apriori( df_items , min_support = 0. 07 , use_colnames = True )


# 生成关联规则
rules = association_rules( frequent_itemsets , metric = " lift" , min_threshold = 1 )
```

（4）创建简单的推荐系统

```python
def recommend_products( basket , rules , n = 3 ) :
    # 根据购物篮中的商品和关联规则提供推荐
    # （此处代码省略具体实现，但将基于关联规则计算推荐产品）
    # ...
    return recommended_products


# 假设有一个购物篮
basket = [ 'itemA' , 'itemB' ]
recommended_products = recommend_products( basket , rules )
print( recommended_products )
```

请注意，以上代码仅为示例，并未提供完整的实现。在实际应用中，每个步骤都需要更详细的实现和优化。此外，构建高效的数据挖掘和商业智能系统通常需要团队合作，并涉及多个技术和工具的集成。

第二节　数据挖掘与商业智能在金融行业的应用

随着信息技术的迅猛发展和大数据时代的到来，数据挖掘与商业智能在金融领域的应用越来越广泛。这些技术不仅能够帮助金融机构更有效地分析市场趋势、管理风险、优化运营，还能提升客户满意度，实现业务增长和创新发展。以下将详细描述数据挖掘与商业智能在金融行业的应用案例。

一、数据挖掘在金融行业的应用案例：信贷审批与风险管理

信贷业务是金融机构的核心业务之一，而信贷审批与风险管理是信贷业务中至关重要的环节。数据挖掘技术在信贷审批与风险管理中发挥着重要作用。

1. 数据收集与预处理

在信贷审批过程中，金融机构需要收集借款人的各种信息，包括个人基本信息、财务信息、信用记录等。这些数据往往存在缺失、异常等问题，需要通过数据清洗和预处理过程进行处理，以保证数据的质量和准确性。

2. 建立信用评分模型

利用数据挖掘技术，金融机构可以对历史信贷数据进行深入分析，建立信用评分模型。该模型可以综合考虑借款人的多个维度信息，如收入、负债、信用历史等，对借款人进行信用评分，以预测其违约风险。

信用评分模型的建立过程包括特征选择、模型训练和模型评估等步骤。通过选择合适的算法(如逻辑回归、决策树、随机森林等)和调整模型参数，金融机构可以建立准确度高、稳定性好的信用评分模型。

3. 自动化信贷审批

将信用评分模型应用于信贷审批流程中，可以实现自动化信贷审批。当借款

人提交贷款申请时，系统可以自动收集其相关信息，并通过信用评分模型对其进行信用评分。根据评分结果，系统可以自动作出是否发放贷款的决策，以及确定贷款的额度和利率，等等。

自动化信贷审批不仅提高了审批效率，减少了人工干预和主观因素的影响，还使得信贷决策更加客观、准确和一致。

4. 风险监测与预警

数据挖掘技术还可以应用于风险监测与预警中。通过对借款人的实时信息进行监测和分析，金融机构可以及时发现潜在风险并采取相应的防范措施。例如，当借款人的收入下降、负债增加、信用记录出现不良情况时，系统可以自动发出预警信号，提醒金融机构关注并采取相应措施。

二、商业智能在金融行业的应用案例：市场分析与客户关系管理

商业智能是利用数据仓库、数据挖掘等技术对数据进行整合、分析和可视化展示的过程，旨在帮助企业更好地了解市场和客户需求、优化运营和制定科学决策。在金融行业，商业智能主要应用于市场分析和客户关系管理等方面。

1. 市场分析

市场分析是金融机构制定市场策略的重要依据。商业智能工具可以对市场数据进行整合和清洗，然后通过图表、图形等形式将数据可视化展示出来，使金融机构能够更直观地了解市场情况。

通过商业智能工具进行市场分析，金融机构可以了解市场趋势、竞争对手情况、客户需求等信息。例如，利用商业智能工具对销售数据进行分析，可以了解不同产品的销售情况、市场份额等关键指标；对竞争对手数据进行分析，可以了解竞争对手的产品特点、价格策略等信息；对客户需求进行分析，可以了解客户的偏好、购买行为等信息。

基于这些分析结果，金融机构可以制定更有效的市场策略，提高市场竞争力。例如，根据市场需求调整产品策略、优化价格策略、加强营销推广等。

2. 客户关系管理

客户关系管理是金融机构提高客户满意度和忠诚度的重要手段。商业智能工具可以帮助金融机构更深入地了解客户的需求和行为，从而提供个性化的产品和服务推荐。

通过商业智能工具对客户数据进行分析和挖掘，金融机构可以识别不同客户群体的特征和需求。例如，利用聚类分析算法对客户数据进行细分，将客户划分为不同的群体；利用关联规则挖掘算法分析客户的购买行为，发现不同产品之间的关联。

基于这些分析结果，金融机构可以为不同客户群体提供定制化的产品和服务推荐。例如，针对高净值客户提供专属的理财产品和投资建议，针对年轻客户提供移动支付和线上消费金融服务，等等。这有助于提高客户满意度和忠诚度，增加销售额。

三、数据挖掘与商业智能的综合应用：反欺诈与异常检测

在金融领域，欺诈行为一直是一个严重的问题，给金融机构和客户带来了巨大的经济损失。数据挖掘与商业智能技术的综合应用可以帮助金融机构更有效地检测和预防欺诈行为。

1. 数据整合与特征提取

为了进行反欺诈分析，金融机构先要整合来自不同系统和渠道的数据，包括交易数据、客户数据、行为数据等。这些数据可能存在于不同的数据库和系统中，需要通过数据整合技术将其整合到一个统一的数据平台上。

在数据整合的基础上，金融机构可以利用数据挖掘技术对数据进行特征提取。通过分析和挖掘历史欺诈案例，金融机构可以提取与欺诈行为相关的特征，如交易频率、交易金额、交易地点等。这些特征将作为后续模型训练的输入。

2. 建立反欺诈模型

利用提取的特征，金融机构可以建立反欺诈模型。这些模型可以基于机器学习算法，如支持向量机、神经网络等。通过对历史数据进行训练，模型可以学习

正常行为与欺诈行为之间的差异，并识别出潜在的欺诈行为。

为了提高模型的准确性，金融机构还可以采用有监督学习和无监督学习相结合的方法。有监督学习可以利用已标注的欺诈样本进行训练，而无监督学习可以通过聚类等算法发现数据中的异常模式。

3. 实时监测与预警

建立好反欺诈模型后，金融机构可以将其应用于实时监测系统中。当新的交易数据产生时，系统可以自动调用反欺诈模型进行实时分析。如果模型检测到异常行为或潜在的欺诈风险，系统可以立即发出预警信号，提醒相关人员进行进一步调查和处理。

实时监测与预警系统的建立，使金融机构能够在第一时间发现并应对欺诈行为，从而最大程度地减少损失。

此外，商业智能工具还可以帮助金融机构建立全面的客户视图，整合客户在各个渠道的信息和交易记录。这使得金融机构能够更全面地了解客户情况，及时发现潜在机会和问题，并制定相应的营销策略和服务措施。

综上所述，数据挖掘与商业智能在金融行业的应用案例涵盖了信贷审批与风险管理、市场分析与客户关系管理等多个方面。这些技术的应用不仅提高了金融机构的运营效率和风险管理能力，还提升了客户满意度和市场竞争力。随着技术的不断发展和数据资源的日益丰富，数据挖掘与商业智能将在金融领域发挥更大的作用。

四、利用 Python 实现数据挖掘与商业智能在金融行业的应用

在金融行业，Python 作为一种功能强大的编程语言，广泛应用于数据挖掘和商业智能(BI)任务中。以下是一个简化的例子，说明如何利用 Python 在金融行业实现数据挖掘和商业智能的应用，其应用场景为信贷风险评估与客户细分。

1. 数据挖掘部分

（1）数据收集与预处理

使用 Python 的 pandas 库来加载和处理贷款申请数据，包括申请人的个人信息、财务信息、信用历史等。

数据清洗，包括处理缺失值、异常值和重复值。

特征工程，创建新的特征或转换现有特征以改善模型性能。

（2）信贷风险评估

利用 scikit-learn 库中的分类算法（如逻辑回归、决策树、随机森林等）来预测贷款违约风险。

使用交叉验证和网格搜索进行模型选择和参数调优。

评估模型的性能，如准确率、召回率、AUC（area under curve）等。

（3）客户细分

利用 scikit-learn 中的聚类算法（如 K-means、DBSCAN 等）对客户进行分群，基于他们的财务状况、信用历史和其他相关特征。

分析每个客户群的特征，以制定个性化的营销策略。

2. 商业智能部分

（1）数据可视化与报告

使用 matplotlib、seaborn、plotly 库创建交互式图表和仪表板，展示贷款违约风险的分布、客户群体的特征等关键指标。

生成报告，包括风险评估摘要、客户细分结果和营销策略建议。

（2）策略优化与决策支持

基于数据挖掘的结果，为金融机构提供信贷决策支持，如调整贷款额度、利率，或拒绝高风险申请人。

监控模型性能，并根据需要更新和优化模型。

3. Python 实现概述

（1）数据处理

```
import pandas as pd

# 加载数据
df = pd. read_csv('loan_applications. csv')

# 数据清洗和预处理
```

```
df. dropna( subset = ['income', 'credit_score'], inplace = True)    # 删除特定列
```
的缺失值
```
df['debt_to_income'] = df['monthly_debt'] / df['monthly_income']    # 创建新
```
特征

（2）信贷风险评估模型

```
from sklearn. model_selection import train_test_split, GridSearchCV
from sklearn. linear_modelimport LogisticRegression
from sklearn. metrics import classification_report


# 划分数据集
X = df. drop('loan_default', axis = 1)
y = df['loan_default']
X_train, X_test, y_train, y_test = train_test_split(X, y, test_size = 0. 2, random_
state = 42)


# 训练逻辑回归模型
logreg = LogisticRegression( )
parameters = {'C': [0. 01, 0. 1, 1, 10, 100], 'penalty': ['l1', 'l2']}
grid_search = GridSearchCV(logreg, parameters, cv = 5)
grid_search. fit(X_train, y_train)


# 评估模型性能
best_logreg = grid_search. best_estimator_
y_pred = best_logreg. predict(X_test)
print(classification_report(y_test, y_pred))
```
（3）客户细分
```
from sklearn. cluster import KMeans
import matplotlib. pyplot as plt


# 选择用于聚类的特征
```

clustering_data＝df[['income', 'credit_score', 'debt_to_income']]

应用 K-means 聚类

kmeans＝KMeans(n_clusters＝3, random_state＝42)

cluster_labels＝kmeans. fit_predict(clustering_data)

可视化聚类结果

plt. scatter(clustering_data. iloc[:, 0], clustering_data. iloc[:, 1], c＝cluster_labels)

plt. xlabel('Income')

plt. ylabel('Credit Score')

plt. show()

(4)数据可视化与报告

import seaborn as sns

创建违约风险的条形图

sns. countplot(x＝'loan_default', data＝df, hue＝'cluster_labels')

plt. xlabel('Loan Default')

plt. ylabel('Count')

plt. show()

生成报告(此处省略报告生成的具体代码,可以使用 Python 的文档生成工具, 如 Jupyter Notebook 或 PDF 生成库)

请注意,以上代码仅为示例,并未提供完整的实现。在实际应用中,每个步骤都需要更详细的实现和优化,包括特征选择、模型验证、超参数调整等。此外,构建高效的数据挖掘和商业智能系统通常需要团队合作,并涉及多个技术和工具的集成。金融机构还需要遵守相关的数据安全和隐私保护法规。

第三节　数据挖掘与商业智能在医疗行业的应用

随着信息技术的迅猛发展,数据挖掘与商业智能已逐渐渗透各个行业与领域，为各行各业带来了革命性的变革。在医疗行业中，数据挖掘与商业智能的应用尤为广泛，它们不仅提高了医疗服务的效率和质量，还为医疗机构带来了更多的商业价值和竞争优势。

一、数据挖掘在医疗行业的应用

1. 疾病的预测与预防

数据挖掘技术可以帮助医疗机构从历史病例、基因数据、生活习惯等多维度数据中挖掘出与疾病相关的信息。通过对这些数据的深入分析，医疗机构可以建立疾病预测模型，预测患者未来可能患上的疾病。这使医疗机构能够提前进行干预，制订个性化的预防和治疗方案，从而降低疾病的发生率和严重程度。

例如，利用数据挖掘技术对糖尿病患者的历史数据进行分析，可以发现血糖波动、饮食习惯、运动状况等因素与糖尿病并发症之间的关联。基于这些关联规则，医疗机构可以为患者制订个性化的饮食和运动计划，以控制血糖波动，降低并发症的风险。

2. 辅助医学研究与临床试验

数据挖掘技术在医学研究和临床试验中也发挥着重要作用。通过对大规模的生物医学数据进行挖掘和分析，研究人员可以发现新的治疗方法、药物作用机制和疾病标志物等。这有助于加速新药的研发和上市，提高治疗效果和患者生存率。

例如，在癌症研究领域，研究人员可以利用数据挖掘技术对基因表达数据、蛋白质组学数据等进行深入分析，以发现与癌症发生和发展相关的关键基因和蛋白质。这些发现可以为癌症的早期诊断、靶向治疗和预后评估提供有力支持。

3. 医疗欺诈与滥用检测

医疗欺诈与滥用是一个全球性的问题，给医疗机构和患者带来了巨大的经济损失。数据挖掘技术可以帮助医疗机构检测和分析异常的医疗行为，发现潜在的欺诈和滥用行为。通过对医疗数据的实时监控和分析，医疗机构可以及时发现并处理异常行为，保障医疗资源的合理利用和患者的权益。

例如，利用数据挖掘技术对医保数据进行分析，可以发现异常的就诊频率、药品用量和检查项目等。这些异常行为可能涉及医保欺诈、过度治疗等问题。通过对这些行为的及时发现和处理，医疗机构可以降低经济损失，提高医疗服务的质量和效率。

二、商业智能在医疗行业的应用

1. 患者关系管理

商业智能可以帮助医疗机构更好地管理患者关系，提高患者满意度。通过对患者数据的整合和分析，医疗机构可以了解患者的需求、偏好和行为特点，为患者提供个性化的医疗服务。同时，商业智能还可以帮助医疗机构优化患者就诊流程，提高医疗服务效率和质量。

例如，利用商业智能工具对患者满意度调查数据进行分析，可以发现患者对医疗服务的评价和需求。基于这些分析结果，医疗机构可以针对性地改进服务流程、提升医护人员技能和服务态度等，以提高患者满意度。

2. 医疗资源优化与决策支持

商业智能可以为医疗机构提供全面的数据分析和决策支持，帮助医疗机构优化资源配置、提高运营效率和管理水平。通过对医疗数据的实时监控和分析，医疗机构可以了解各科室的运营状况、医生绩效和患者需求等信息，为决策提供有力支持。

例如，利用商业智能工具对医疗设备使用数据进行分析，可以发现设备的利用率、维修率和报废率等指标。基于这些分析结果，医疗机构可以制定合理的设备采购和维护计划，提高设备利用率和降低维修成本。同时，通过对医生绩效数据的分析，医疗机构可以制定合理的绩效考核和激励机制，提高医生的工作积极性和效率。

3. 精准营销与市场推广

商业智能可以帮助医疗机构实现精准营销和市场推广，提高市场占有率和品牌影响力。通过对患者数据、市场数据等信息的深入挖掘和分析，医疗机构可以了解市场需求和竞争态势，制定个性化的营销策略和推广方案。

例如，利用商业智能工具对潜在患者数据进行分析，可以发现潜在患者的需求、偏好和就诊意愿等信息。基于这些分析结果，医疗机构可以制定针对性的营销策略和推广渠道，如线上广告投放、社交媒体宣传等，以吸引更多潜在患者前来就诊。

三、数据挖掘与商业智能的综合应用：远程医疗与健康管理

随着互联网技术的快速发展，远程医疗与健康管理已成为医疗行业的新趋势。数据挖掘与商业智能的综合应用可以为远程医疗与健康管理提供有力支持。

1. 远程监测与预警

利用数据挖掘技术，医疗机构可以对患者的生理参数、健康状况等进行实时监测和分析。当发现异常数据时，系统可以自动发出预警信号，提醒医护人员进行及时处理。同时，商业智能工具可以对监测数据进行可视化展示和趋势分析，帮助医护人员更好地了解患者的健康状况和变化趋势。

例如，在慢性病患者管理中，医疗机构可以利用远程监测设备对患者的血压、血糖等生理参数进行实时监测。当数据出现异常波动时，系统可以自动发出预警信号并提醒患者及时就诊。同时，医护人员可以通过商业智能工具对患者的监测数据进行可视化展示和趋势分析，以制定个性化的治疗方案和调整用药剂量。

2. 健康管理与预防保健

数据挖掘与商业智能的综合应用可以帮助医疗机构为患者提供个性化的健康管理和预防保健服务。通过对患者的历史数据、生活习惯等信息进行深入挖掘和分析，医疗机构可以评估患者的健康风险和制订个性化的健康管理计划。同时，商业智能工具可以为患者提供可视化的健康报告和建议，帮助患者更好地了解自己的健康状况并进行自我管理。

例如，在健康管理平台上，患者可以输入自己的基本信息、生活习惯和健康状况等数据。系统可以利用数据挖掘技术对这些数据进行深入分析，评估患者的健康风险并给出个性化的健康管理建议。同时，商业智能工具可以为患者提供可

视化的健康报告和趋势分析图表等，帮助患者更好地了解自己的健康状况并进行自我管理。

四、利用 Python 实现数据挖掘与商业智能在医疗行业的应用

在医疗行业，数据挖掘和商业智能的应用可以帮助医疗机构提高患者诊疗质量、优化资源配置、降低运营成本，并促进医学研究。以下是一个简化的例子，说明如何利用 Python 在医疗行业实现数据挖掘和商业智能的应用，其应用场景为患者疾病预测与医疗资源优化。

1. 数据挖掘部分

（1）数据收集与预处理

使用 Python 的 pandas 库来加载和处理患者数据，包括诊断信息、实验室测试结果、用药记录等。

数据清洗，包括处理缺失值、异常值和重复值。

特征工程，提取有意义的特征用于模型训练。

（2）患者疾病预测

利用 scikit-learn 库中的分类算法（如支持向量机、朴素贝叶斯、神经网络等）来预测患者患某种疾病的风险。

使用交叉验证和网格搜索进行模型选择和参数调优。

评估模型的性能，如准确率、召回率、F1 分数等。

（3）医疗资源优化

分析患者入院时间、住院时长和科室资源使用情况，找出资源瓶颈。

利用 scikit-learn 中的聚类算法（如层次聚类、DBSCAN 等）对患者进行分群，以便更有效地分配医疗资源。

2. 商业智能部分

（1）数据可视化与报告

使用 matplotlib、seaborn、plotly 库创建图表和仪表板，展示疾病预测结果、资源利用情况和患者群体特征。

生成报告，包括疾病风险分析、资源优化建议和患者管理策略。

（2）决策支持

基于数据挖掘的结果，为医疗机构提供决策支持，如制定患者筛查方案、优化科室资源配置、调整医护人员排班等。

监控模型性能，并根据实际反馈更新和优化模型。

3. Python 实现概述

（1）数据处理

```python
import pandas as pd


# 加载数据
df = pd. read_csv('patient_data. csv')


# 数据清洗和预处理
df. dropna(subset = ['age', 'blood_pressure'], inplace = True)   # 删除特定列的缺失值
df['risk_score'] = df['cholesterol'] / df['hdl_cholesterol']   # 创建新特征
```

（2）患者疾病预测模型

```python
from sklearn. model_selection import train_test_split, GridSearchCV
from sklearn. svm import SVC
from sklearn. metrics import classification_report


# 划分数据集
X = df. drop('disease', axis = 1)
y = df['disease']
X_train, X_test, y_train, y_test = train_test_split(X, y, test_size = 0. 2, random_state = 42)


# 训练支持向量机模型
svm = SVC()
```

```
parameters = {'C': [0.1, 1, 10, 100], 'kernel': ['linear', 'rbf']}
grid_search = GridSearchCV(svm, parameters, cv = 5)
grid_search.fit(X_train, y_train)


# 评估模型性能
best_svm = grid_search.best_estimator_
y_pred = best_svm.predict(X_test)
print(classification_report(y_test, y_pred))
```

（3）医疗资源优化分析

```
from sklearn.cluster import AgglomerativeClustering
import matplotlib.pyplot as plt


# 选择用于聚类的特征
clustering_data = df[['age', 'risk_score', 'length_of_stay']]


# 应用层次聚类
agg_clustering = AgglomerativeClustering(n_clusters = 3)
cluster_labels = agg_clustering.fit_predict(clustering_data)


# 将聚类标签添加到原始数据集
df['cluster'] = cluster_labels


# 可视化聚类结果
plt.scatter(df['age'], df['risk_score'], c = df['cluster'])
plt.xlabel('Age')
plt.ylabel('Risk Score')
plt.show()


# 分析不同患者群体的资源使用情况(此处省略具体分析代码)
```

（4）数据可视化与报告

```
import seaborn as sns

# 创建疾病风险的条形图
sns. countplot( x = 'disease', data = df, hue = 'cluster')
plt. xlabel('Disease')
plt. ylabel('Count')
plt. show( )

# 生成报告(此处省略报告生成的具体代码, 可以使用 Python 的文档生成工具)
```

请注意，以上代码仅为示例，并未提供完整的实现。在实际应用中，每个步骤都需要更详细的实现和优化，包括特征选择、模型验证、超参数调整等。此外，医疗机构在使用患者数据时，必须严格遵守数据安全和隐私保护的相关法规。

五、未来展望

数据挖掘与商业智能在医疗行业的应用已经取得了显著的成效，为医疗机构带来了更大的商业价值和竞争优势。通过深入挖掘和分析医疗数据中的价值信息，医疗机构可以提高医疗服务的效率和质量、降低运营成本、优化资源配置、提升患者满意度等。同时，随着技术的不断发展和创新应用的出现，数据挖掘与商业智能在医疗行业的应用前景将更加广阔。未来，我们可以期待更多的创新技术和应用案例涌现出来，为医疗行业带来更多的变革和发展机遇。

参 考 文 献

甘利杰，2021. Python 程序设计［M］. 重庆：重庆大学出版社.

高春艳，刘志铭，2022. Python 数据分析从入门到实践［M］. 长春：吉林大学出版社.

李鲁群，李晓丰，张波，2022. Python 与数据分析及可视化（微课视频版）［M］. 北京：清华大学出版社.

李蓉，2022. Python 程序设计［M］. 北京：中国铁道出版社.

吕云翔，李伊琳，2021. Python 数据分析与可视化［M］. 北京：人民邮电出版社.

明日科技，2019. Python 编程入门指南［M］. 北京：电子工业出版社.

明日科技，2023. Python 数据分析从入门到精通［M］. 北京：清华大学出版社.

任昱衡，2021. 零基础学 Python 程序设计［M］. 北京：电子工业出版社.

石毅，张莉，高建华，等，2021. Python 语言程序设计［M］. 北京：电子工业出版社.

苏虹，王鹏远，李萍 . Python 程序设计［M］. 北京：中国铁道出版社.

孙占锋，王鹏远，李萍，2023. Python 程序设计实践指导［M］. 北京：中国铁道出版社.

王树义，翟羽佳，2021. Python 数据科学指南［M］. 北京：人民邮电出版社.

杨年华，2023. Python 数据分析与机器学习（微课视频版）［M］. 北京：清华大学出版社.

张良均，宋天龙，2021. Python 数据分析实战宝典［M］. 北京：机械工业出版社.

张良均，谭立云，刘名军，等，2019. Python 数据分析与挖掘实战［M］. 2 版. 北京：机械工业出版社.

张雪萍，唐万梅，景雪琴，2019. Python 程序设计［M］. 北京：电子工业出版社.

郑丹青，2020. Python 数据分析基础教程［M］. 北京：人民邮电出版社.

周峰，2022. Pandas 入门与实战应用：基于 Python 的数据分析与处理［M］. 北京：电子工业出版社.